東京ディズニーリゾート
どこのキャスト？クイズ

ここにならんでいる写真は、東京ディズニーリゾートで働くキャストのほんの一部です。コスチュームを見て、どこのキャストかあててみましょう。写真をよく見ると、ヒントが隠されているかもしれませんよ。あなたは、いくつわかるかな？

答えは **89ページ**を **チェック**！

Q01

Q02

✲ 東京ディズニーシー ✲ TOKYO

Q07

Q08

Q09

Q10

東京ディズニーランド ✳ TOKYO DISNEYLAND

Q03

Q04

Q05

Q06

✳ その他のエリア ✳

Q11

Q12

Q13

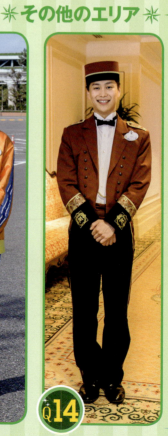
Q14

はじめに

東京ディズニーリゾートは、
「東京ディズニーランド」「東京ディズニーシー」の
2つのディズニーテーマパークをはじめ、
ホテルやそれらをつなぐモノレール
「ディズニーリゾートライン」などからなる一大リゾート施設。
2019年3月には、2つのパークで、
開園以来の合計入園者数が7億5000万人を突破するなど、
国内でも有数の観光スポットとしてにぎわっています。
しかも、2020年には東京ディズニーランドの3つのテーマランドに
新施設が、2022年度には東京ディズニーシーに
8番目のテーマポートとなるファンタジースプリングスが
開業予定と、その魅力はさらに増すばかり。
そんな東京ディズニーリゾートでは、
「キャスト」と呼ばれる2万人を超すスタッフが働き、
運営を支えています。
ではなぜ、彼らが「キャスト」と呼ばれているか、
理由をご存じでしょうか。

──キャストとは

"You can dream, create, design, and build
the most wonderful place in the world...
but it requires people to make the dream a reality."
「世界中でもっともすばらしい場所を夢見て、創造することはできる。
設計し、建設することもできるだろう。
しかし、その夢を実現するには人々の力が必要だ。」

これは、ウォルト・ディズニーの言葉です。
東京ディズニーリゾートは、
青空を背景にした巨大なステージ。
ここでは、見るものすべてがショーであり、
おとずれるお客さまは「ゲスト」なのです。
そして、ゲストを迎えてもてなすスタッフは
ショーを演じる「キャスト（役者）」と
呼ばれるのです。

──キャストの役割

東京ディズニーリゾートをおとずれる、すべてのゲストに
Happiness（ハピネス）を創造すること。

これが、東京ディズニーリゾートのキャストの役割です。
アトラクションでもエンターテイメントでもなく、
ゲストの夢を実現させることができるのは、人の力です。
「世界中でもっともすばらしい場所」を夢見てやってくる、
たくさんのゲストに魔法をかける重要な存在。それが、キャストなのです。

キャストが目指すゴールは"We Create Happiness"
〜ハピネスを創造する〜です。
そんなキャストに求められるホスピタリティとは、
ゲストの期待に応え、それを上回るサービスを提供する
〝おもてなしの心〟であり、〝気配りの精神〟です。
「多くのゲストがハピネスを感じ、笑顔になってほしい」
こういったキャストの想いが生み出すホスピタリティは、
ハピネスを創造する大きな源(みなもと)となっています。

──The Four Keys 〜4つの鍵〜

キャストがハピネスを創造するために欠かせない、
キャストの行動規準があります。それが、世界中にあるディズニー
テーマパーク共通の「The Four Keys 〜4つの鍵〜」です。

Safety（セーフティー）「安全」
Courtesy（コーテシー）「礼儀正しさ」
Show（ショー）「ショー」
Efficiency（エフィシェンシー）「効率」

キャストは、つねにこの4つを忘れずに、
判断や行動のよりどころにして働いています。
また、キャストとして求められる、
もっとも大切なことの一つとして「チームワーク」があげられます。
ホスピタリティあふれるゲストサービスを提供するためには、
キャスト同士が支えあう、チームワークのよさが重要になります。

このような、さまざまなディズニーフィロソフィー（ディズニーの考え方）を軸に、
キャスト一人ひとりが働き、東京ディズニーリゾートを支えています。

さて、ここまで、
東京ディズニーリゾートの「キャスト」について、
"役割"や"ディズニーフィロソフィー"などを
紹介してきました。

そして、もう一つ注目したいのが、個々のキャストの自主性です。
東京ディズニーリゾートには、
おもてなしや気配りについてのマニュアルは存在しません。
キャスト一人ひとりが、「自らの役割でゲストの夢を実現したい」
という想いから、ゲストサービスを通じて、
自分自身の意識やスキルを高め、日々成長しています。
また、業務内容や習熟度合いに応じて、M→A→G→I→Cと
グレードアップ（昇格）する仕組みもあります。上位キャストは
スキル面だけでなくマインド面でも後輩や仲間を育成、
サポートする役割を担います。だからこそ、
キャストはつねに高いモチベーションをもって働けるのです。

Mキャスト／"Make up"（化粧をする）からの命名。
　　　　　上司や先輩のサポートを得ながら、標準的なオペレーションをしている。

Aキャスト／"Action!"（映画や舞台で演技を始めるときの監督のかけ声）からの命名。
　　　　　一人前のキャストとして演技を始めることを意味する。
　　　　　独力で標準的なオペレーションをしている。

Gキャスト／"Growing up"（成長する）からの命名。
　　　　　独力で標準的なオペレーションができ、状況に合わせ、
　　　　　自ら進んで行動している。
　　　　　後輩に対して、スキル面でアドバイスを行い、
　　　　　マインド面でよき相談相手になっている。

Iキャスト／"Instruct"（教える、指導する）からの命名。
　　　　　他者の手本となるオペレーションをしている。
　　　　　安心してオペレーションができる環境をつくり出すため、
　　　　　M・A・Gキャストのトレーニングに加え、
　　　　　日々のスキル面とマインド面のフォローをしている。

Cキャスト／"Captain"（チームをまとめる）からの命名。
　　　　　リーダーとして、ロケーション全体視点で
　　　　　オペレーションをし、上司を補佐している。
　　　　　生き生きと働ける環境をつくり出すために、
　　　　　メンバーに応じたスキル面とマインド面の成長を支援している。

「キャスト」とは、
東京ディズニーリゾートで
決して欠かすことのできない大切な存在です。
では、実際に働くキャストには、
どのような職種があり、どんな仕事をしているのか、
興味がわいてきませんか？

アトラクションキャストは、話すのが得意な人ばかり？
カストーディアルキャストの仕事は、
パークをそうじすることだけ？
料理ができなくてもレストランのキャストになれるの？
ショップのキャストは、商品の情報を
どうやって覚えるの？

この本は、そんな読者のみなさんの疑問にも答えながら、
キャストの仕事をわかりやすくまとめ、ご紹介します。
職種から、仕事内容、
ある日の仕事風景を追ったキャストの1日、
インタビューまで、
まさにキャストの情報が満載の一冊です。
さあ、それでは、さっそくページを開いて、
キャストの仕事を見に行きましょう！

［改訂版］東京ディズニーリゾート キャストの仕事

CONTENTS

東京ディズニーリゾートのキャスト 職種のアイコンについて

接客
ゲストからの質問に答えたり、アトラクションを案内したり、食事を提供したりと、たくさんのゲストと接する仕事です。

非接客
食品の調理や商品の在庫管理、事務など、ゲストと接する機会はあまりありませんが、パークの運営を支える大事な仕事です。

専門職
美容師や看護師、ソムリエなど、専門的な資格や経験のある人を採用しています。

［巻頭］

東京ディズニーリゾート
どこのキャスト? クイズ

みんなの想いをひとつに!!
キャストペップラリー

P.02　はじめに

東京ディズニーリゾート キャストの仕事一覧

P.10　File:01　接客

アトラクションキャスト

P.12　アトラクションキャストの1日に密着!

アトラクションの入り口や施設内で、ゲストへの案内や、列の整理・誘導などを行います。

アトラクションキャストの仕事例

- P.16　「スター・ツアーズ：ザ・アドベンチャーズ・コンティニュー」
- P.17　「ビーバーブラザーズのカヌー探険」
- P.18　「シンデレラのフェアリーテイル・ホール」
- P.19　「ビッグシティ・ヴィークル」
- P.20　「レイジングスピリッツ」
- P.21　「タートル・トーク」

P.28　File:02　接客

カストーディアルキャスト

P.30　カストーディアルキャストの1日に密着!

パーク内外の清掃をはじめ、写真撮影や道案内など、ゲストの思い出作りのお手伝いをします。

P.34　File:03　接客

ワールドバザールキャスト

エントランスでチケットの販売や確認をするほか、ベビーカーや車イスの貸し出しなども担当します。

P.36　File:04　接客

セキュリティオフィサー

パーク内外の安全を守る仕事です。警備や手荷物確認業務のほか、ゲストの質問にも答えます。

P.38　File:05　接客

パーキングロットキャスト

東京ディズニーリゾートに車でおとずれたゲストを、駐車スペースへ安全かつスムーズに誘導します。

P.40　File:06　接客

ゲストリレーションキャスト

パーク内外にある総合案内所で、さまざまな情報の案内や遺失物の問い合わせの受付などをします。

P.41 File:07 接客
ガイドツアーキャスト

ゲストといっしょにパークをめぐり、さまざまな魅力や情報を紹介しながら、ガイドします。

P.42 File:08 接客
ショーキャスト

ゲストが安全に楽しめるよう、キャラクターグリーティングやショーをサポートします。

P.43 File:09 接客
インフォメーションキャスト

ゲストからの、東京ディズニーリゾートの問い合わせに対して、電話で総合案内を行います。

P.43 File:10 専門職
ナースキャスト

パーク内の救護室で、ケガをしたゲストや具合が悪くなったゲストの応急処置などを行います。

P.43 File:11 専門職
ファーマシーキャスト

パーク内の救護室で、ゲストへの医薬品販売や相談対応を行います。

P.44 File:12 専門職
ソムリエキャスト

ソムリエとしての知識を生かし、在庫管理や品質チェック、ワイン選定のお手伝いをします。

P.45 File:13 専門職
ヘアアンドメイクアップキャスト

パークとホテル内のビューティーサロンで、お子さまのヘアアレンジやメイクアップを行います。

P.54 File:14 接客
マーチャンダイズキャスト

パーク内外のショップで、おみやげを販売。商品の袋づめ・補充・レジ会計などの仕事です。

P.56 マーチャンダイズキャストの**1日に密着!**

マーチャンダイズキャストの仕事例
P.58 「フロンティア・ウッドクラフト」
P.58 バルーンベンダー／マーチャンダイズベンダー
P.58 「ボン・ヴォヤージュ」

P.59 File:15 接客
マーチャンダイズホテルキャスト

ホテル内のショップでディズニーグッズの補充や販売はもちろん、商品選びの提案も行います。

THE VARIETY OF CAST IN TOKYO DISNEY RESORT

P.60 File:16 接客
フードサービスキャスト

P.62 フードサービスキャストの1日に密着！

さまざまなタイプの飲食施設で、テーブルへのご案内や注文の確認、料理の提供などを行います。

フードサービスキャストの仕事例
- P.64 「イーストサイド・カフェ」
- P.65 「クリスタルパレス・レストラン」
- P.66 「ケープコッド・クックオフ」
- P.67 ポップコーンワゴン

P.68 File:17 接客
ゲストコントロールキャスト

ゲストがパレードやショーを快適に鑑賞できるよう、案内・誘導・安全確保をする仕事です。

P.74 File:18 非接客
カリナリーキャスト

飲食施設で調理・盛りつけ・洗い物をする仕事です。調理経験がなくても安心して働けます。

P.76 File:19 非接客
メンテナンスキャスト

東京ディズニーランドの「ウエスタンリバー鉄道」に乗車して、運転手のサポートをします。

P.76 File:20 非接客
クラークキャスト

電話応対、データ入力、資料作成など、東京ディズニーリゾートの運営を支える事務の仕事です。

P.76 File:21 非接客
ディストリビューションキャスト

毎日納品される商品や資材などを、フォークリフトで倉庫に保管したり、車両で配送したりします。

P.77 File:22 非接客
テラーキャスト

各店舗のレジで必要なつり銭の準備、売上金のチェックやチケットの発行などを行います。

P.77 File:23 非接客
ファイアーキャスト

ステージの演出に欠かせない火薬をはじめ、パークで使用する火気などの監視を行う仕事です。

P.77 File:24 非接客
ショーサービスキャスト（ドライバー）

マイクロバスを運転して、ショーやパレードなどの出演者を送迎します。

P.77 File:25 非接客
ショーサービスキャスト（操船）

東京ディズニーシーで実施される水上エンターテイメント用船舶の操船や、その補助をします。

P.78 File:26 非接客
ショーイシューキャスト

ショー出演者のコスチュームの管理・貸し出しをする仕事です。修繕などにも対応します。

P.78 File:27 専門職
ワークルームキャスト

パレードなどで出演者が身につけているコスチュームを作ったり修繕したりします。

P.78 File:28 専門職
ファシリティキャスト

ショップのディスプレイ作業をしたり、商品をならべるための陳列棚などを製作したりします。

P.78 File:29 専門職
ウィッグキャスト

パレードやショーに出演するダンサーたちが身につけるウィッグ（かつら）を作る仕事です。

そのほかの仕事
- P.79 ディズニーホテルのキャスト
- P.79 ディズニーリゾートラインのキャスト

キャストインタビュー
東京ディズニーリゾート
キャストStory
～パークで働くことの魅力とは～

- P.22 アトラクションキャスト
- P.23 マーチャンダイズキャスト
- P.24 フードサービスキャスト
- P.25 カストーディアルキャスト
- P.26 カリナリーキャスト
- P.27 パーキングロットキャスト
- P.46 ショーキャスト
- P.47 ガイドツアーキャスト
- P.48 ディズニーリゾートラインのキャスト
- P.49 ディズニーホテルのキャスト

任命されたキャストの特別な仕事
- P.70 東京ディズニーリゾート・アンバサダー
- P.72 ユニバーシティ・リーダー

キャストについてもっと知ろう！
- P.50 キャストだけの特典がいっぱい！
- P.52 キャスト別シチュエーションクイズ
- P.80 キャストのピン大公開！
- P.82 キャストデビューまでの道のり
- P.84 東京ディズニーリゾートの歴史
- P.86 キャストのホンネ
- P.88 キャストロケーションマップ

特別企画
- P.90 つながる笑顔！パークで出会ったキャストたち

THE VARIETY OF CAST IN TOKYO DISNEY RESORT

キャストのお仕事 File 01

それぞれの役割を演じてゲストとの一体感を味わう
アトラクションキャスト

主な仕事 ▶ アトラクションでの案内・誘導
〈東京ディズニーランド、東京ディズニーシー〉

> それぞれのアトラクションのテーマやストーリーにそって、コスチュームのデザインもさまざま。男女で異なるものもあるので、要チェック!

案内・誘導・機械操作のほか、大きな声でセリフを言う場面も

　2つのパークにある、さまざまなタイプのアトラクションの案内や誘導をするキャストです。アトラクションには、それぞれテーマやストーリーがあり、キャストは与えられた役割やショーを演じます。アトラクションによって業務内容は若干異なりますが、なかにはスピール(セリフを話すこと)をしたり、シーンにあわせて演技をしたりするものも。あいさつ、アイコンタクト、スマイルを欠かさず、ゲストにハピネスを提供します。

> **キャストからのメッセージ**
> ゲストが安全にアトラクションを楽しめるよう努めるのが第一です。共通している大きなポイントは、キャスト自身がアトラクションの一部となって演じること。ゲストとの一体感を味わえる、やりがいのある仕事です。

写真左／東京ディズニーシーの「トイ・ストーリー・マニア!」写真右上／東京ディズニーランドの「ビッグサンダー・マウンテン」写真右下／東京ディズニーランドの「ホーンテッドマンション」

おもに4つのタイプのアトラクションがあります

ストーリーを語って盛りあげるタイプ

芝居のワンシーンのようにスピールして、ゲストを楽しませるアトラクションです。ゆかいな船長がボートで案内する「ジャングルクルーズ：ワイルドライフ・エクスペディション」、海の仲間の言葉をレクチャーする「タートル・トーク」などがあります。

写真上／東京ディズニーランドの「ジャングルクルーズ：ワイルドライフ・エクスペディション」
写真下／東京ディズニーシーの「タートル・トーク」

トラムなどのライドタイプ

ローラーコースターをはじめ、トラムやトロッコ、ボートといった、乗り物タイプのアトラクションです。キャストは、ゲストの人数を確認して乗り場に案内したり、ゲストが乗り込むときの乗車補助をしたり、機械を操作してライドを安全に動かしたりします。

写真上／東京ディズニーシーの「トイ・ストーリー・マニア！」
写真下／東京ディズニーシーの「レイジングスピリッツ」

演奏会やマジックショーなどのシアタータイプ

クマたちが陽気なミュージカルショーを公演する「カントリーベア・シアター」など、シアター内で行われるショーを鑑賞してもらうタイプ。キャストは、ゲストをスムーズに誘導し、ホールにかざられたプロップス（小道具）の説明などをしながら、ショーを盛りあげます。

写真上・下／東京ディズニーランドの「カントリーベア・シアター」

車や船、電車などを運転するタイプ

クラシックカーの「ビッグシティ・ヴィークル」、レトロな高架鉄道「ディズニーシー・エレクトリックレールウェイ」など、キャストが運転して動かすタイプのアトラクションです。ほかに蒸気船などがあり、パーク内でのゲストの移動手段としても活躍します。

写真上／東京ディズニーシーの「ビッグシティ・ヴィークル」
写真下／東京ディズニーシーの「ディズニーシー・エレクトリックレールウェイ」

※タイプは編集部の判断にもとづくものです。アトラクションによっては、2つ以上の要素が合わさったタイプもあります。

アトラクションキャストの1日に密着!

いつも陽気な「ヴェネツィアン・ゴンドラ」のキャスト。そんなゴンドリエの、ある日の仕事風景を追いました。

PROFILE

藤原 竜希さん
- キャスト歴 ● 6年
- ロケーション ● ヴェネツィアン・ゴンドラ〈東京ディズニーシー〉
- 好きなキャラクター ● ドナルドダック

ゴンドラに乗って運河をひとめぐり。美しい景色をながめながら、ゴンドリエたちの歌やトークが楽しめます。

6:45 会社に到着
コスチュームに着替えて、朝礼が行われる場所に移動します。

7:00 朝礼 お仕事スタート
運営時間や休止アトラクションなど、パークに関する情報や、当日の天気予報などが報告されます。

チャオ！

↑♪この日の朝礼はメディテレーニアンハーバーにある「ディズニーシー・トランジットスチーマーライン」の入り口そばにて。なごやかな雰囲気で、ゴンドリエ同士のチームワークのよさがうかがえます。朝礼が終わったら、「ヴェネツィアン・ゴンドラ」まで歩いて移動

↓準備作業が順調に終わったかチェックシートで確認。全部で約30項目もあるのだとか

7:30 オープニングの準備
ゴンドラの点検やシートの清掃など、ゲストが快適にアトラクションを楽しめるよう、しっかり準備。そして、水路の状態を、実際にこいでチェックします。

↑オールを所定の位置にセットします

ゲストがすわるシートは、心をこめてみがいてピカピカに！

♪シートがガタガタしないかなどもチェック！
➡水路に障害物がないかなどを確かめながらゴンドラをこぎます

⏰ 8:00
パークオープン

まずはゴンドラの乗船業務から。どのようにゲストをおもてなしするのか、運河をひとめぐりするようすを追ってみましょう！

足元にお気をつけてお乗りください

↑ 前方のキャストが「ヴァベーネ（準備はいいか）」、後方のキャストが「パルテンツァ（出航）」と声をかけて、いよいよ出航！
← ゲストが安全にゴンドラに乗れるようにお手伝い

➡ 橋の下をくぐりぬけて、順調に進んでいきます

ゲストを案内しながら水路のチェックも忘れずに

みなさん、ブォン・ジョルノ！

↑ まずはゲストに自己紹介をします

MEMO
前方にいるゴンドリエを「ブルーア」、後方を「ポッパ」と呼びます。ブルーアはおしゃべりでゲストを楽しませて、ポッパは舵取りを担当します。

記念撮影でもディズニースマイル！

⬇ 広々とした海に出ました！

絶景ポイントなので、ぜひ写真をお撮りください

← ゲストといっしょに記念撮影！

ATTRACTION CAST 13

この先に、願いごとがかなうかもしれない橋があります

タイミングにあわせてゴンドリエが数をカウント！

ウーノ(1)
ドゥーエ(2)
トレ(3)

そして、ゴンドラが橋の下にさしかかると……

←目をつむって、そっと願いごとをするゲスト
↓ゲストの気持ちを盛りあげるためにカンツォーネを熱唱！

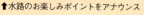

↑水路のお楽しみポイントをアナウンス

MEMO
歌ったのは、伝統的なナポリ民謡「サンタルチア」。キャストのトレーニング中に練習した曲だとか。そのほか、先輩から教えてもらうなどして、得意な曲はまだまだあるとのこと。

チャオ♪

←対岸を歩くゲストにも元気よく声をかけます

ありがとうございました

パチパチパチ♪

↑もうすぐゲストともお別れ。あいさつをします

アリベデルチ！

↑ゴンドラを降り、ゲストの下船準備をします

🕐 **11:30 食事のための休憩時間（45分）**

↑最後はゲストのお見送り。「アリベデルチ」はイタリア語で「さようなら、また会いましょう」の意味

14

12:15 お仕事再開／ゲストコントロール

休憩から戻ったら、入り口で案内のポジション（役割）につきます。ここでは列への誘導だけでなく、待ち時間などの質問も受けます。その後は、乗り場そばのポジションを担当。ゲストの人数を確認して、乗船するゴンドラへ案内します。

行ってらっしゃい！

何名さまですか？

↑小さいお子さまとは目線があうような姿勢で
←ニッコリ笑顔でゲストを列にご案内

14:15 休憩時間（15分）

14:30 お仕事再開／ゲスト対応

近くの橋のたもとで、ゲストからの質問などに答えます。なにかをさがしているゲストを見かけたら、積極的に声をかけます。

←↑記念撮影にも気さくに対応！
→ゲストの質問には、明るくハキハキと答えます

↑休止情報などのスピールを行う場合もあります

15:30 お仕事終了
↓
15:45 着替え・帰り支度

おつかれさまでした！

藤原さんの Little Magic

ゲストを笑顔にするために、毎回、楽しくスピールすることを心がけています。以前、ゴンドラに乗船したゲストが、「願いごとがかないました！」と報告してくれたことも。本当にうれしかったですね。

ATTRACTION CAST

アトラクションキャストの仕事例

安全で快適な宇宙旅行をサポート
スター・ツアーズ：
ザ・アドベンチャーズ・コンティニュー
STAR TOURS:THE ADVENTURES CONTINUE

　ここで働くキャストは、宇宙旅行を主催するスター・ツアーズ社のスタッフです。ゲストが安全に宇宙旅行を楽しめるよう、万全の体制でサポートします。まずは、入り口でお出迎え。ゲストが宇宙船のキャビンに乗り込んだら、安全を確認して、「ハブ・ア・グレートフライト！」と笑顔で送り出します。

──── ロケーション ────

映画『スター・ウォーズ』の宇宙空間を体感できる、東京ディズニーランドのアトラクション。50通り以上の組み合わせでストーリーが展開。3D映像で迫力満点！

↓ファストパス・エントランスでは、ファストパス・チケットの確認をします。アトラクションの待ち時間など、さまざまな質問にも対応

青にオレンジのラインが映える近未来的なデザイン。両肩のロゴマークも見のがさないで！

←ゲストが宇宙船に乗り込んだら、荷物を座席の下に入れ、シートベルトを装着して準備完了。シートベルトがしっかり締まっているか、最終チェックをします

こんな仕事をしています♪

✻ ディズニー・ファストパスの発券補助

ディズニー・ファストパスは、指定された時間に利用すれば、人気アトラクションを少ない待ち時間で体験できる便利なシステム。トゥモローランド・ホールの横にある発券所で、発券するゲストのお手伝いや、チケットの見方の説明をします。

✻ アトラクション内でのゲスト対応

アトラクション内の搭乗エリアで、ゲストにグループの人数を確認。どの宇宙船のキャビンに案内すればいいかを瞬時に判断し、ゲストを誘導します。そのとき、「フライトグラスをお取りください」と、ひと言そえるのも忘れません。

✻ フライトグラスの回収

宇宙旅行から無事に帰還したゲストに、「フライトグラスはこちらに返却してください」と呼びかけます。パークに戻るゲストを笑顔でお見送りしたら、フライトグラスを回収して、次のゲストが安心して利用できるように準備をします。

カヌーをこいで、アメリカ河の見どころを案内する
ビーバーブラザーズの カヌー探険
BEAVER BROTHERS EXPLORER CANOES

黄色いシャツは胸元をひもで結ぶスタイル。首にまいた真っ赤なバンダナがアクセント。

カヌーをこいでアメリカ河を一周するワイルドな旅の案内人が、このアトラクションのキャストです。カヌーをこぐのがはじめてというゲストも安心して楽しめるよう、パドルの持ち方やこぎ方を、わかりやすくレクチャー。自然が豊かなアメリカ河の美しい景色を案内しながら、ゲストに楽しいひとときを提供します。

↑力をこめてロープを引っ張り、カヌーがスムーズに出航できるよう、手助けをするキャスト

ロケーション
カヌーに乗って全長約1kmのアメリカ河を探検するアトラクション。カヌーをこぐのはゲスト自身。東京ディズニーランドのクリッターカントリーにあります。

↑船尾(せんび)のキャストは舵(かじ)取りの役目もはたすので、一番長いパドルを使ってカヌーをこぎます

こんな仕事をしています♪

✲ 入り口でのゲスト対応

ゲストを列に誘導します。待ち時間やアトラクション内容について質問を受けることも。「カヌーをこいでアメリカ河を一周するアトラクションです」などと、大きな声でスピールしたり、待ち時間の案内板を状況にあわせて、かけ替えたりもします。

✲ ゲストにパドルを渡す

カヌーに乗る順番が近づいたら、人数を確認してすわる配列を決め、ゲストにパドルを渡していきます。パドルは、大人用の長いものと、子ども用の短いものを用意。パドルに異常がないか、事前にチェックすることもおこたりません。

✲ カヌーをこいでゲストを盛りあげる

カヌーが進みはじめたら、ゲストにパドルの持ち方やこぎ方を簡単にレクチャーします。途中で、「手を少し休めて、周りの景色を見ましょう」などとスピールして、アメリカ河の見どころをご案内。トークもはさみながら、カヌー探険を盛りあげます。

※ アトラクションキャストの仕事例

シンデレラの従者として、お城をご案内

シンデレラの
フェアリーテイル・ホール
CINDERELLA'S FAIRY TALE HALL

大きな羽つきのふっくらした帽子は、中世に位の高い人につかえていた従者がかぶっていたものと同じデザインです。

シンデレラにつかえる従者らしい、気品のある上着です。

服の模様をよーく見ると、刺しゅうがミッキーの形に！

キャストからのメッセージ
私たちは「信じていれば夢はかなう」というシンデレラの想いが伝わるように、思いやりと親しみをこめてゲストをご案内しています。

シンデレラ城の中を歩きながら楽しむ、ウォークスルータイプのアトラクションです。城内にはシンデレラの物語にまつわるさまざまな作品が展示されていて、ゲストは自分のペースで見てまわることができます。キャストは、シンデレラにつかえる従者として城内や展示物をご案内。ゲストがシンデレラの物語を体感できるようなおもてなしをします。

ロケーション
東京ディズニーランドの中央にあるシンデレラ城。自分たちが留守の間でも自由に見てもらえるようにと、シンデレラがお城を開放しました。

こんな仕事をしています♪

※ ゲストをお城へご案内

入り口で入城までの目安の時間をお知らせします。その後、お城をおとずれたゲストを城内へと続くエレベーターに案内します。

※ 展示物の説明

ホワイエや王宮の回廊には、シンデレラの物語が描かれた壁画やさまざまな素材で表現したアート作品がならびます。ゲストには、積極的に声をかけて説明します。

※ フォトスポットでお手伝い

大広間には、ガラスの靴や玉座、魔法のしかけがある壁画がかざられ、自由に撮影することができます。キャストは写真撮影に協力したり、撮影のコツをアドバイスしたりして、ゲストがシンデレラの世界を堪能できるようお手伝いします。

クラシックカーを運転する、ニューヨークの案内人
ビッグシティ・ヴィークル
BIG CITY VEHICLES

ニューヨークの街にぴったりなスタイリッシュなデザイン。首元の赤いリボンがアクセントになっています。

クラシックカーに乗ってニューヨークの街をゆっくり周遊するアトラクションです。キャストが実際に車に乗って運転します。ゲストに安心してニューヨーク観光をしてもらうために、チームを組んで車を走行させます。走行中は、運転するキャストのほかに、車両の近くに必ず別のキャストがつき、安全確認や声かけ、車の誘導などのサポートを行います。

↑車両の清掃も「ビッグシティ・ヴィークル」を担当するキャストの仕事です

ロケーション

東京ディズニーシーのアメリカンウォーターフロントにあるニューヨークエリアをぐるりと一周。史跡や観光スポットなど、見どころがたくさんあります。

こんな仕事をしています♪

※ 停留所でのゲスト対応

停留所で乗車人数を確認し、車へご案内。ゲストが安全に乗降できるようにサポートします。待っているゲストには、車の種類やコースの説明をします。

※ クラシックカーを運転

キャストが実際に車を運転して、ゲストにニューヨークの街並みを車上から楽しんでもらいます。パークを行き交うたくさんのゲストに注意して、安全運転を心がけます。走行をサポートするキャストは大切なパートナーです。

✵ アトラクションキャストの仕事例

360度回転するローラーコースターをご案内
レイジングスピリッツ
RAGING SPIRITS

　このアトラクションの舞台は古代神の遺跡の発掘現場。キャストは発掘隊のメンバーとして、ゲストをホッパーカー（貨車）に案内します。垂直ループを備えたローラーコースタータイプのスリルライドなので、乗車時の安全確認は特に念入りに。このほか、入り口での案内や機械操作などの仕事があります。

― ロケーション ―

東京ディズニーシーのロストリバーデルタにあるアトラクション。ゲストが乗ったホッパーカーが、遺跡発掘現場を猛スピードで疾走し、360度の一回転！

↑ファストパス・エントランスで、ゲストのファストパス・チケットをチェックするキャスト。日付や時間、アトラクション名などがまちがっていないか、きちんと確認！

元気いっぱいの発掘隊スタイル。赤いパンツに編みあげブーツがキュートです。

こんな仕事をしています♪

✵ お子さまの身長を計測

　ゲストが安全に楽しめるよう、身長制限（117cm未満は利用不可など）があります。基準を満たしているかわからないお子さまがいたら、入り口付近の身長計で計測。制限をクリアしたゲストは、目印として腕に紙のリストバンドを巻きます。

✵ 乗車時の安全を確認

　ゲストがホッパーカーに乗り込んだら、ショルダーバーを下げます。その後、バーが下がった状態でロックされているかを、しっかり確認。ゲストがアトラクションに乗り込むときの乗車補助のポジションでは、安全確認がなによりも大切です。

✵ アトラクションを動かす機械操作

　ゲストが乗るホッパーカーを動かす機械操作を行います。各キャストからゲストの安全確認が終了した合図を受けたら、安全な状況であることを十分確認して、発進させます。

客船のガイドとして、クラッシュとの会話を盛りあげる!
タートル・トーク
TURTLE TALK

ウミガメのクラッシュと会えるのを楽しみにしているゲストをおもてなしするのが、ここのキャストの仕事です。ゲストを案内したり、レクチャーホールで解説をしたり、海底展望室ではクラッシュとの会話を盛りあげるお手伝いもします。キャストはみんな、クラッシュと同じく、とても明るくてフレンドリー!

胸のエンブレムには、ヒレをあげてニッコリ笑うクラッシュの刺しゅうが!

ロケーション

S.S.コロンビア号船尾にある海底展望室で、ウミガメのクラッシュと楽しくトーク。東京ディズニーシーのアメリカンウォーターフロントにあります。

↑アトラクションの待ち時間の案内板を調整するキャスト。いろいろなポジションのキャスト同士で連絡をとりあい、最新の状況に更新します

こんな仕事をしています♪

❋ 入り口でのゲスト対応

アトラクションの待ち時間や道案内など、さまざまなゲスト対応をします。大きな声でスピールして、案内するのもこのポジションの仕事。

❋ レクチャーホールで解説をする

これから会えるクラッシュのことや、海の仲間たちと会話できる"ハイドロフォン"の仕組みなどについて、スライドショーでわかりやすく説明します。途中で驚くほど速くセリフをしゃべることも! ゲストを盛りあげる重要なポジションです。

❋ ゲストへのインタビュー

海底展望室では、まずは大きな声でクラッシュを呼びます。楽しいトークで盛りあがるなか、クラッシュへの質問タイムがスタート。ゲストが手をあげ、クラッシュが指名したら、そのゲストにハイドロフォンを向けて、会話を楽しむお手伝いをします。

Part 1 東京ディズニーリゾート
キャストStory
~パークで働くことの魅力とは~

CAST 01

アトラクション キャスト

坂中 瑞穂さん
(さかなか みずほ)

キャスト歴
2年

ロケーション
スター・ツアーズ：
ザ・アドベンチャーズ・
コンティニュー
〈東京ディズニーランド〉

好きなキャラクター
アリエル、ラプンツェル

> 自分のなにげない言葉でゲストを幸せにできるのがキャストとしての誇り。「ありがとう」のやさしい言葉がなによりのご褒美です。

「キャストになるのは子どものころからの夢。かなえることができて、本当にうれしいです。やりたいと思ったら、周りに惑わされず、自分の意志をつらぬいて、一度は挑戦すべきです！」と言う坂中さん。あこがれていたキャストになり、ロケーションが「スター・ツアーズ：ザ・アドベンチャーズ・コンティニュー」に決まったときは大喜び。でも、「キャストデビューの日は、頭の中が真っ白！」になったそう。そして、働くうちに、キャストの大変さに気づきました。

「自分がゲストだったときは、楽しいだけでしたが、いざキャストになると、ゲストの安全がいちばん大切。キャビンには最大40名のゲストが乗りますが、全員に見られながらの安全確認がいちばん緊張します。でも、キャストがゲストを不安にさせるわけにはいきません。笑顔で、楽しんでいただきたい！ という気持ちをこめて安全を守ります」

頼もしい坂中さんですが、実は意外な弱点もあって……。

「仕事を頼まれるのが好きなんです。つい、なんでもやります！ と引き受けて、自分の首をしめてしまい、慌てふためきます（笑）」

そんなとき、坂中さんを救ったのが、「あまり仕事を抱えすぎないで、もっと仲間のキャストを頼ってもいいんじゃない？」という先輩からのアドバイスでした。

「自分だけが頑張るのではなく、仲間に協力してもらうことで、チームとしての"きずな"も深まるのかもしれないと思ったんです。だから、最近は、いろんなキャストに、お願い！ と気軽に言えるようになりました」

坂中さんが目指すのは、心に余裕があり視野が広く、いつも明るい笑顔でゲストに接するキャスト。ゲストとの接し方で心がけていることをたずねると、「オープンクエスチョン」という答えが返ってきました。

「はい、いいえで終わる質問ではなく、『今日はどこから来られたんですか？』『これから何をされますか？』というような質問をして、お話を聞かせてもらうようにしています。私は新潟県から上京してきたのですが、当初はホームシックで心細くて……。でも、ゲストと話して同じ新潟県出身だとわかると、元気が出て、心が落ち着きました。今も、働いていて落ち込むこともありますが、そんなときの特効薬は、小さなお子さまと触れあうこと。ピュアでかわいくて、いやされます。よく、『ありがとう』と言われますが、いつも元気をもらって、お礼を言いたいのは私のほうです！」

いつも笑顔で楽しそうに働く
東京ディズニーリゾートのキャストたち。
そこで今回は、6人のキャストに
「パークで働くことの魅力」について、お話をうかがいました。
いったい、どんなストーリーがあるのでしょうか。

CAST 02

マーチャンダイズキャスト

吉田 抄加さん

キャスト歴
3年

ロケーション
マクダックス・デパートメントストア
〈東京ディズニーシー〉

好きなキャラクター
ドナルドダック

> パークだからこそできるコミュニケーションが魅力。ゲストの笑顔が私の元気の源です!

「私がおさなかったころ、家族でパークに遊びに行ったときに、迷子になってしまったんです。そのときに、キャストがやさしく声をかけてくれたのがうれしくて、私もキャストになりたいと思うようになりました」

そう語る吉田さんは、ハキハキとしていて笑顔が印象的。でも、マーチャンダイズキャストとしてデビューした当初は、今では想像もつかないような悩みがありました。

「この仕事をはじめる前は、もっと内気な性格でした。最初は、困っているゲストが目の前にいるのに、『こんにちは。何かお困りですか?』と声をかける勇気がなかなか出なくて。ゲストが気づいてくれるように、さりげなく近寄って、そっと様子をうかがうこともありました(笑)」

吉田さんが一歩踏み出すきっかけになったのは、先輩キャストからのあるアドバイスだったそうです。

「声をかけるのにためらいがあるのは、『断られたらどうしよう』という後ろ向きな気持ちがあるからだと言われて。もし、声をかけたゲストに断られても、『よかった。困っていなかったんだ』とポジティブに考えれば、うまくいくかもしれないよ、と言ってくださったんです。それからは、どんなゲストにも自分からどんどん声をかけに行くようになりました!」

たとえ、それが日本語の通じない海外からのゲストだとしても、物怖じすることはないとのこと。

「私は英語があまり話せるほうではないので、とにかくボディランゲージで伝えたり、外国語が堪能な同僚キャストを連れてきたりします(笑)。あとは翻訳アプリ※を使えば、よりていねいにご案内できるので、言葉が通じない相手でも不安はないですね。自分の想いがちゃんと伝わったときの、ゲストのはじける笑顔を見るのは、本当にうれしいです」

そんな吉田さんが思う、マーチャンダイズキャストの魅力とは。

「グッズを通して、パークならではの接客ができることです。せっかくパークに遊びに来たのに、ただ商品の会計をしてお渡しするだけでは、ディズニーらしくないと思っていて。ゲストが選んだグッズを見て、『ダッフィー、かわいいですよね!』『ミッキーがお好きなんですか? 実はお店の中に隠れミッキーがいるんですよ』など、ちょっと声をかけると、笑顔が生まれるんです。ゲストの笑顔を引き出すことができると、私もつられて笑顔になっちゃいますね。これからも、元気いっぱいにゲストをお迎えしていきます!」

※海外ゲストとの円滑なコミュニケーションを図るために導入された、スマートフォンを使った翻訳ツール。

CAST 03

フードサービス
キャスト

飯島 涼介さん
（いいじま りょうすけ）

キャスト歴
1年

ロケーション
ブルーバイユー・レストラン
〈東京ディズニーランド〉

好きなキャラクター
アリス

> 「会いに来ました！」
> そう言っていただけることを励みに、これからも期待を上回るサービスを提供していきます！

飯島さんは大のディズニー好き。1年前のキャストデビューの初日、見慣れているはずのパークの景色が違って見えたと言います。

「コスチュームを着て、オンステージに出たときに『自分はキャストなんだ』という実感が急にわきました。目の前にいる大勢のゲストに、しばらくは緊張しっぱなしの日々でした」

配属されたのは、人気アトラクション「カリブの海賊」から見える「ブルーバイユー・レストラン」。当時の苦労をうかがうと、

「テーブルサービスのレストランでは、よりていねいでスマートな接客が求められます。そのために、まず、ふさわしい言葉遣いを身につけるのが大変でした。『こちらスープです』ではなく『こちらスープでございます』など。ほんの少しの違いですが、伝わる印象がまったく変わってしまいます。ゲストに誤解を与えないように調べたり、先輩に教えてもらったりしました」

間違えたことは、自然にできるようになるまで意識しつづけたとのこと。きめ細やかなサービスが認められて、今では、わざわざ会いに来るリピーターのゲストもいるほど。

「『飯島さん、また来たよ』と声をかけていただくのは、とてもうれしいです！ ランチョンマットの一面に、メッセージが書かれていたこともありました。黒い文字で、びっしり埋めつくされ、まるで楽譜のよう（笑）。書いてくださったゲストの熱量に感激して、今でも大切にしています」

日々ゲストに楽しんでもらうために、気をつけていることは？

「ゲスト同士でこっそり話している『このメニューは何？』『このアトラクションはどこ？』などの疑問を聞き逃さないことですね。そして、お食事を邪魔しないベストなタイミングで、そういった疑問にお答えするようにしています。あとは、当たり前ですが、ゲストにあわせた接客ですね。お子さま連れ、カップル、友人同士など、さまざまなゲストがいらっしゃるので、それぞれにあった目線の高さや声のトーンなどを、つねに心がけています」

そんな飯島さんに、後輩キャストへのメッセージをうかがいました。

「不安や悩みがあるときは、遠慮なく先輩を頼ってみてもいいと思います。僕も新人のころ、失敗して頭の中が真っ白になったとき、先輩が助けてくれました。キャストはチームワークで成り立っていることを痛感しましたし、僕も後輩のサポートができるキャストを目指しています。失敗は必ず自分の糧（かて）になるので、おそれずに笑顔で、自分らしくすすんでいきましょう！」

大熊さんが、キャストになろうと決めたのは、49歳のときでした。
「パークが大好きで、よく遊びに来ていたんです。ずっと昔から、いつかはキャストになりたいと思いつづけ、転職の話が出たとき、ついにそのときが来たなと思いました（笑）」
　カストーディアルキャストは、パークのそうじをしながら、ゲストの道案内や写真撮影のお手伝いをするなど、守備範囲の広い仕事。社会経験が豊富とはいえ、最初は慣れない作業にとまどいを隠せませんでした。
「一日のなかでやることがかわるし、おもてなしにマニュアルはありませんから、そのたびにオロオロ。リアルに、毎日が初演でした（笑）」
　道具の使い方や、広いパークをどう動いていくかなど、毎日が試行錯誤の連続だったと言います。頼りになるのは、先輩のフォローとチームワークのよさ。キャストとして経験を積んだ今も、何が起こるか予測できない。でも、逆に、「それにどう対処するかが、腕の見せどころです」と、笑う大熊さん。カストーディアルキャストの魅力をたずねると、
「私たちにとって、そうじをするのは当たり前のこと。でも、ゲストは『いつもパークがきれいで、うれしい』と言ってくれる。写真を撮れば、『お兄さん、上手！』とほめてくれる。ショーが終わったあとは、子どもが目をキラキラさせて、『おもしろかった！』と、声をかけてくれる。日々の仕事の間に、いろいろなゲストからのやさしい言葉、笑顔があるのは、この仕事の醍醐味ですね。キャストになれて、本当によかった」
　Gキャスト※1になり、アドバイスする立場になった大熊さんに、後輩に伝えたいことをたずねると、
「つねに笑顔を忘れず、ゲストと一緒に楽しむこと。そして、仲間とチームを信じること。心技体※2のバランスをうまくとって、何事にもチャレンジしてほしい。また、"そうじは誰にも負けない！" "ゲスト対応なら私に任せて！"など、自分なりのキャストとしてのスタイルを見つけて、長所をのばしていってほしいです」
　最後に、自分と同世代の方に、エールをおくってもらいました。
「年の功という言葉があるように、人生経験が豊富なぶん、年配の人のほうが若い人より引き出しが多いですよね。それによって、より深いゲスト対応ができるのではないでしょうか。キャストは、誰にでも楽しめる仕事だと、私は思います。もし、やってみたいという気持ちがあるなら、年齢を気にせず、体が許す限り（笑）、ぜひ挑戦してほしいです」

※1 キャストのグレードアップ制度の一つ。詳しくはP4参照。
※2 精神力（心）・技術（技）・体力（体）の総称。

CAST 04

カストーディアル
キャスト

大熊 孝さん
（おおくま たかし）

キャスト歴
8年

ロケーション
メディテレーニアンハーバー
〈東京ディズニーシー〉

好きなキャラクター
ミッキーマウス

> カストーディアルキャストは噛めば噛むほど味が出るスルメのようなもの（笑）。どう動いて、どう対処するか、毎日が腕の見せどころ！

CAST 05

カリナリーキャスト

青木 明美さん
(あおき あけみ)

キャスト歴
15年1ヵ月

ロケーション
リストランテ・ディ・カナレット
〈東京ディズニーシー〉

好きなキャラクター
ジーニー

> チームワークのよさこそカリナリーキャストの強み。作るのが難しそうな新メニューも、できなかったことは一度もありません！

「非接客なので、直接ゲストと接することはあまりないですが、そのぶん、キャスト同士の交流が楽しいですね。チームで息をあわせて、大量の仕込みや盛りつけなどをやり遂げたときの達成感は、カリナリーキャストならではだと思います」

仕事の"やりがい"について、こう語ってくれた青木さん。そもそもキャストを目指したきっかけは、子どもが小学6年生になり、長く働ける職場をさがしたこと。たまたま目にした求人票で東京ディズニーリゾートを見つけ、気軽に応募したとか。キャストデビューの日、周りは若い世代が多かったそうですが、抵抗はなかったと言います。

「不安より、ワクワク感が大きかったですね。人生の先輩ですが、身も心も新人なので、いろいろ教えてください！ というスタンスだったので、割とすんなり、とけ込めました。みんな、やさしい人ばかりでしたし」

最初はプレパレーションという、前菜やサラダ、デザートなどの仕込みや盛りつけを行うポジションにつきました。とにかく量の多さに驚いたそう。仕事に慣れてくると、ピザを焼いてみる？ と声がかかりました。

「ピザを焼く窯はゲストから見える場所にあるので、どうしましょう!! という気持ちでいっぱいになりました。でも、まずは先輩のマネをして、夢中で取り組むうちに、上手に焼けるようになりました。ゲストが帰りぎわに、『おいしかったよ』なんて声をかけてくださると、感激します」

キャストとして心がけていることをたずねると、

「あいさつです。新人だったころ、どんなに忙しくても、『お疲れさまでした』と言うと、ちゃんと目を見てあいさつを返してくださる先輩がいたんです。小さなことですが、それがうれしくて。明日も頑張ろうという原動力になりました。だから、あいさつは、今も、すごく大事にしています。もちろん、ピザを焼いていて目を離せないときは無理ですが（笑）」

青木さんにとって、キャストになってからの15年はあっという間だったと言います。そして、カリナリーキャストの仲間は家族同然だとも。

「毎回、新しいメニューに変わるたびに、『こんな難しそうな料理、できるかしら？』と思います。でも、できなかったことは一度もありません。自分ひとりではなく、チーム全員で頑張れるから、できるんでしょうね。それに、いろいろな年代が交ざって、お互いを補いあっているのもいいなと思います。キャストの仲間は、私の大切な宝。これからも、どんどん増えていってほしいですね」

「東京ディズニーリゾートに、車で遊びに来るゲストを最初に迎えて、帰るゲストを最後にお見送りするのが、僕たちパーキングロットキャスト。パークの中で一日楽しく過ごしたゲストに、最後の最後まで『楽しかった。来てよかったね』と思っていただけるように、車越しでも伝わる笑顔を心がけています」

そう語る八木さんは、わずか半年前にキャストデビューしたとは思えない頼もしさ。一度は地元の静岡県で就職したものの、「やっぱりキャストをやりたい」という気持ちが強くなったとのこと。面接を受け、パーキングロットキャストへの採用が決まりました。

「以前、車で来園したことがあり、パーキングのことは知っていたので、そこで働くことはそんなに不安はなかったです。でも、パークについて特に詳しいわけではなく、土地勘もゼロ。デビュー初日は緊張で顔がこわばっていました（笑）」

はじめこそ、「知らないことを聞かれたらどうしよう」と思っていた八木さん。でも、すぐに仲間と打ち解けて、仕事にも慣れたそう。

そんな八木さんに、ゲスト対応について考えるきっかけになったというエピソードをうかがいました。

「パーキングからエントランスまでの道順をたずねられ、説明したのですが、全然うまく伝わらなくて。はじめて遊びに来たゲストにとっては未知の世界だから、言葉だけではわからなくて当然ですよね。そこで思いついたのが、口頭での説明に加えて、現在地からエントランスまでをたどっていけるように、ペンで線を引いた"特製ガイドマップ"をお渡しすること。この方法で、どなたにも格段に伝わりやすくなり、つねにゲストの気持ちを考えて対応することの大切さも実感しました」

このときにゲストからもらった「ありがとう」のひと言は、自分の行動から生まれた特別な言葉。とびきりうれしかったのだとか。

最後に、キャストになりたい方に向けて、心強いメッセージをおくってもらいました。

「僕自身もそうでしたが、家が遠いという理由でキャストデビューを迷っている方もいると思います。でも、住宅支援制度※や寮など、制度が整っていて、実はチャレンジしやすい環境なんです。自信をもって飛び込めば、最高の職場でステキな仲間たちがきっと迎えてくれますよ！」

※遠方からキャストデビューする人への支援制度の一つ。詳しくは東京ディズニーリゾートキャスティングセンターHP参照。

CAST 06
パーキングロットキャスト

八木 貴裕（やぎ たかひろ）さん

キャスト歴
6ヵ月

ロケーション
リゾート・ゲストパーキング

好きなキャラクター
ドナルドダック

「ディズニーキャストになる」という夢をあきらめずに本当によかったです。ゲストの楽しい思い出を最後に笑顔で彩ります！

キャストのお仕事 File 02

パークの安全と清潔を守る、おそうじのエキスパート!
カストーディアルキャスト

主な仕事 ▶ パークの清掃、ゲストの案内
〈東京ディズニーランド、東京ディズニーシー、パーク外〉

パークの清掃をしながらゲストの思い出作りをお手伝い

　パークの安全と清潔を保つために、清掃をするキャストです。ごみが落ちているのを発見したら、トイブルームとダストパンですばやく片づけます。清掃だけでなく、「歩くコンシェルジュ(豊富な知識でゲストのさまざまな要望に応える係)」としての役割もあり、パークの道案内、写真撮影のサポートなどのゲストサービスを行います。ゲストがステキな思い出を残せるようにすることが、カストーディアルキャストの仕事です。

清潔感のある白いコスチューム。仕事中に汚れたときは、何度でも着替えます。

ファンバッグ。カストーディアルキャストが腰に装着するバッグです。ガイドマップやトゥデイ、ペンなど、ゲスト対応のときに必要な道具が入っています。

トイブルーム(ほうき)。細いブラシが特徴です。小さなごみでもこれでササッと片づけます。

ダストパン(ちりとり)。L字形のグリップが特徴で、体に密着させて持ち歩きます。

キャストからのメッセージ
ゲストがたくさんのハピネスを感じられるように、精一杯のおもてなしを心がけています。心をこめて接することで、たくさんの笑顔と出会うことができるお仕事ですよ。

こんなロケーションで働いています

東京ディズニーシーのアメリカンウォーターフロントなど
カストーディアルキャストは、複数のエリアを担当し、そのエリアを中心に清掃をします。

こんな仕事をしています♪

❋ パークの清掃

担当のエリアでスイーピング（トイブルームとダストパンを使った清掃作業）をします。ごみを見つけたらすばやく片づけます。スイーピングをしながら、水飲み場やベンチ、レストルームなどを定期的に確認して清掃します。

POINT
先端がゲストにあたらないように、トイブルームは持ち手を手でおおうようにつかみます。

❋ トラッシュカン（ごみ箱）のごみを回収

トラッシュカンをチェックして、定期的にごみを回収します。カートをトラッシュカンのわきにつけたら、中身を手際よくカートの中へ。トラッシュカンがいっぱいにならないように気をつけます。

POINT
缶や瓶、電池などの分別ごみは、この時点でふり分けておきます。

❋ ゲスト対応

清掃をしながらパークを歩くので、ゲストから声をかけられる機会が多くあります。ガイドマップやトゥデイを使って、ゲストからの質問に答えます。また、困っているゲストには積極的に声をかけ、パークの楽しみ方を提案します。

❋ カストーディアルアートでサプライズ！

カストーディアルアートは、カストーディアルキャストがトイブルームを使ってディズニーキャラクターを地面に描く、サプライズなおもてなしです。このパフォーマンスができるのは、技術を認められた一部のキャストのみです。

POINT
カストーディアルアートは50種類以上あります！

CUSTODIAL CAST

カストーディアル キャストの 1日に密着!

カストーディアルキャストとして活躍する阿部さんの、とある1日に密着。阿部さんの仕事ぶりを紹介します。

PROFILE

阿部 栞さん
キャスト歴●2年
ロケーション●アドベンチャーランド、ウエスタンランド（東京ディズニーランド）
好きなキャラクター●レディ（『わんわん物語』）

熱帯植物が生い茂る「アドベンチャーランド」と、西部開拓時代のアメリカ「ウエスタンランド」を担当しています。

7:00 会社に到着
コスチュームに着替えて東京ディズニーランドのウエスタンランドへ向かいます。

7:30 朝礼
ロケーションのリーダーから天気予報やアトラクションの運営状況、レストランのメニュー情報などを聞きます。

お仕事スタート

今日も1日がんばります！

➡ゲストからの質問に的確に答えられるよう、重要事項はメモをとります

ツメの長さOKです！

⬅↑髪やコスチュームに乱れはないか、ネクタイの角度、ツメは切りそろえられているかなどを確認

7:45 身だしなみと道具のチェック
パークへ出る前に、カガミで身だしなみをチェック。キャスト同士の確認もすませたら、清掃に必要な道具を用意します。

仕事で使う道具を準備します

MEMO トイブルームのサイズは全部で4種類。身長にあわせてサイズを選びます。ダストパンは持ち手が腰の高さくらいになるように調整します。

↓ファンバッグにガイドマップなどの必需品を補充します

🕖 7:50 オープニングの準備

パークオープンに向けて、トラッシュカン、水飲み場、ベンチなどを清掃します。このとき、見えているところだけでなく、ふだん目につきにくいところもしっかり清掃します。

ベンチをすみずみまでふきます！

➡水飲み場は、水がきちんと出るかの動作チェックもします

🕗 8:00 パークオープン

担当するエリアをスイーピングしながら、レストルームやトラッシュカンなどを巡回して清掃します。パークを清潔に保つことは、ゲストのステキな思い出作りのお手伝いでもあるのです。

スイーピングのコツは、はじくように掃くことです

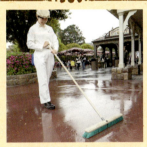

こんなお仕事もします！
雨で水たまりができているときは、「フロアースクイージー」や「プッシュブルーム」と呼ばれる道具を使って排水し、水たまりをなくしていきます。

ゲストに道案内

ガイドマップを広げて困っているようすのゲストを発見！「なにかおさがしですか？」と声をかけます。

こんにちは！なにかおさがしですか？

MEMO 外国からのゲストを案内するときのために、英語や中国語、韓国語のガイドマップもファンバッグに入れて持ち歩いています。

↑ゲストがさがしている場所を聞き、どのように行けばいいのかを正確に伝えます

CUSTODIAL CAST 31

トラッシュカンのごみの回収

トラッシュカンがいっぱいになる前に、ごみを回収します。

MEMO
東京ディズニーリゾート内にあるトラッシュカンの数は750以上！ トラッシュカンのごみをカストーディアルキャストが毎日回収しています。

大きな機材が活躍します

ごみを回収するためのカートを持ってきて、トラッシュカンの中身をカートへ移します

レストルームの清掃へ

たくさんのゲストが利用するレストルームは、頻繁に備品の補充や清掃を行います。

ゲストのために、心をこめて清掃します

カストーディアルキャストの必需品！

🕚 11:00
休憩時間
（1時間）

バースデーシールをプレゼント

お誕生日を迎えたゲストに、ゲストの名前を記入したバースデーシールをプレゼントします。

お誕生日おめでとうございます！

名前は大きくていねいに！

お誕生日のゲストは気軽に声をかけてくださいね！

32

ごみを見つけたら、すぐにスイーピング！

🕛 12:00 パークでお仕事再開

引き続き、担当エリアをスイーピングしながら、ベンチやレストルームなどを清掃して、パークの清潔を保ちます。

MEMO アトラクションの運行状況やディズニー・ファストパスの発券状況など、パークの最新情報をほかのキャストから入手し、ゲスト対応時に役立てます。

落とし物発見！

落とし物を見つけたら、まずは近くにさがし物をしているゲストがいないかを確認します。いないときは、遺失物を管理するメインストリート・ハウスへ持って行きます。

キョロキョロ

写真撮影のお手伝い

ゲストから写真撮影のお願いが。どのような写真を撮りたいかをうかがい、撮影します。

写真撮りますよ〜

↑太陽の向きや背景を考えて、ステキな一枚が撮影できるよう心がけます
↓ゲストの大切なカメラやスマートフォンのあつかいは慎重に！

阿部さんの Little Magic

ゲストの求めていること+αの"おもてなし"をするように心がけています。道案内だけでなく、おいしいものやオススメのアトラクション、新しいフォトスポットなど、パークのいろいろな楽しいことを、ゲストに紹介したいです！

15:45 お仕事終了

16:00 着替え・帰り支度

おつかれさまでした！

キャストのお仕事 File 03

エントランスでゲストを笑顔でお出迎え&お見送り
ワールドバザールキャスト

主な仕事 ▶ チケットの販売・確認、ベビーカーや車イスの貸し出しなど
〈東京ディズニーランド、東京ディズニーシー〉

ベージュを基調にした、東京ディズニーシーのワールドバザールキャストのコスチューム。アクセントのえんじ色とマッチしています。

ゲストのワクワクを感じながらパークへとご案内

　東京ディズニーランド、東京ディズニーシーの玄関口であるエントランスの周辺で働くキャストです。エントランス付近でゲストの案内や誘導、チケットの販売、入園口でチケットの確認、ベビーカーや車イスの貸し出しなど、仕事の種類はさまざま。どの仕事も、ゲストがパークでステキな思い出を作るための第一歩をお手伝いします。

※ワールドバザールキャストは「チケットの販売」「チケットの確認」「ベビーカーや車イスの貸し出し」「迷子の保護」の、いずれか一つを担当します。

キャストからのメッセージ
パークのエントランスは夢の世界への出発地点で、私たちはこれから旅をはじめるゲストをサポートする案内人です。期待に満ちたゲストの笑顔を見ると、私も思わずうれしくなります。

こんなロケーションで働いています

東京ディズニーシーのエントランス
東京ディズニーシーはサウス側とノース側の2ヵ所にエントランスがあり、どちらからでも入退園ができます。

こんな仕事をしています♪

❋ チケットブースでの業務

　エントランスの手前にあるチケットブースで、当日券の販売などを行います。お金をあつかうので、どんなにあわただしいときでも受け取ったお金やおつりのまちがいがないように、しっかりと確認することが大事です。

POINT
パーク開園の30分前からオープンし、ワクワクした表情のゲストとたくさん出会うことができます。

❋ エントランスで入退園のサポート

　入園口でチケットを確認します。また、ゲストが安全かつスムーズに通れるようにサポートします。笑顔で「行ってらっしゃい！」と、ゲストを送り出すことも大切な仕事です。

↑↗出口で、パークから一度退園して、その日のうちに再度入園したいゲストの手の甲に透明のハンドスタンプを押します。再入園のときに専用ライトで手の甲を照らしてスタンプを確認します

❋ ベビーカーや車イスの貸し出し

　ベビーカー＆車イス・レンタルでは、子ども連れやお年寄り、障がいのあるゲストにベビーカーや車イスの貸し出しを行います。不具合がないかチェックしてから、使い方を説明します。

❋ 迷子センターで迷子の保護

　パークにある迷子センターで迷子を保護し、パーク内外の施設と連絡をとりあって、無事に保護者と引きあわせるお手伝いをします。ベビーセンターが併設されており、赤ちゃんへの授乳やおむつを交換したいゲストの案内もします。

POINT
迷子センターで働くキャストはナニー（ベビーシッター）のようにいっしょに絵本を読んだり遊んだりして子どもの不安な気持ちをやわらげます。

WORLD BAZAAR CAST

キャストのお仕事 File 04

ゲストの安全を守る、パークの番人！
セキュリティオフィサー

主な仕事 ▶ パークや駐車場の警備、手荷物の確認
〈東京ディズニーランド、東京ディズニーシー〉

ゲストの安全と安心を第一に考えて行動する

ゲストとパークの安全を守るために、パークや駐車場の警備、入園前の手荷物確認などをするキャストです。警備中は安全確認だけでなく、具合が悪くなったゲストや迷子の保護、ゲストへの道案内など、さまざまな仕事をします。安全を維持するには予防も重要。事件や事故が発生しないように予防に重点を置いた活動や、緊急時にゲストをスムーズに誘導できるようにシミュレーション訓練を行うこともあります。

セキュリティオフィサーにとって無線は必需品。この無線で仲間と連絡し、チームで協力しあいながら仕事をします。

ボタンやネクタイには、東京ディズニーリゾートのマークがデザインされています。

キャストからのメッセージ
私たちの役割は「当たり前にある安全環境」を維持することです。安全を通してハピネスを提供し、ゲストの笑顔を守っていきます！

こんな仕事をしています♪

✷ 入園前のゲストの手荷物を確認

ゲストの安全確保のため、入園前に手荷物を確認します。できるだけスムーズに進むように、ならんでいるゲストには手荷物確認の準備など、協力をお願いすることもあります。

✷ 安全確認とゲスト対応

ゲストが安全に楽しめるよう、パークや駐車場をくまなく歩きまわって安全確認を行います。巡回中に困っているゲストを見かけたら積極的に声をかけてお手伝いを申し出ます。ショーの時間やアトラクションの場所を聞かれることも多いので、パーク全体の勉強は欠かせません。

テーマパークならではのセキュリティオフィサーを紹介!

東京ディズニーランドの「ワールドバザール」と、「ウエスタンランド」にあるトムソーヤ島では、テーマにあわせたコスチュームを着用したセキュリティオフィサーが警備をしています。

ワールドバザール

1890年代から1900年ごろの、ニューヨークなどの主要都市にいた警察官の制服スタイルです。当時と同じく、黒のスラックスと帽章(ぼうしょう)つきのヘルメットのような帽子、冬はひざ丈のダブルのコートも着用します。

トムソーヤ島

トムソーヤ島は、小説『トム・ソーヤの冒険』がモチーフ。そのため、ここのセキュリティオフィサーは19世紀後半のアメリカの騎兵隊がモデルとなっています。ズボンの横の黄色のラインと黄色のスカーフが特徴です。

SECURITY OFFICER

キャストのお仕事 File 05

車で来園したゲストを元気いっぱいにお出迎え！
パーキングロットキャスト

主な仕事 ▶ 車の誘導、駐車料金の受け取り
〈東京ディズニーランド・パーキング、東京ディズニーシー・パーキング〉

青いシャツがさわやかなイメージ。うずまきの模様が、ミッキーシェイプのように見えるのもナイス！

笑顔とアイコンタクトがポイント！ゲストの車をスムーズに誘導

　パークに車でおとずれたゲストが最初に出会うキャストです。駐車料金を受け取り、車をゲストが安全かつスムーズに駐車できるよう、駐車スペースへ誘導します。運転手のゲストとアイコンタクトで確認をしながら、身ぶり手ぶりを交えて、大きな声でコミュニケーションをとるのも大切な要素。わかりやすく正確なコーン配置にも気を配ります。笑顔を絶やさず、キャスト同士のチームワークを大切にして、ゲストの安全を守ります。

キャストからのメッセージ
車でいらっしゃったゲストを最初にお迎えし、思い出いっぱいのゲストを最後にお見送りするステキな仕事です。たくさんのゲストと笑顔で接することで、私自身も元気をもらっています。

こんなロケーションで働いています

東京ディズニーランド・パーキング
たくさんの車を収容できる広大なパーキング。M（ミッキーマウス）、D（ドナルドダック）など、エリアごとにディズニーキャラクターの名前がついています。

こんな仕事をしています♪

✳ 入り口料金所での業務

ゲートに車が停車したら、駐車料金を受け取ります。ゲストに「夢の国に来た！」という気持ちになってもらうため、明るい笑顔と元気な声で出迎えます。車イスをご利用のゲストなどの車両には、専用の案内ルートのタグをつけて、優先あるいは指定のエリアへ案内します。また、「行ってらっしゃい！」と元気に見送るのも大切な仕事です。

✳ スムーズな駐車をサポート

ゲストに駐車スペースを知らせ、白い枠線の中にスムーズに駐車をうながします。そして、ゲストが駐車位置に車を入れてから停止するまでを誘導します（それぞれのポジションで、2人でペアを組む場合もあります）。どの業務もゲストにわかりやすいよう、身ぶり手ぶりを大きくするのが鉄則です。また、笑顔とアイコンタクトも欠かせません。

POINT キャストの指示がよく見えるよう、真正面ではなく斜め横に立ちます。

✳ 車を誘導

ゲートの先にある分岐点で、ゲストに駐車エリアを案内します。複数の車線があるなかで、ゲストがどちらに行けばいいのか迷わないよう、大きな身ぶり手ぶりを交え、わかりやすくすることを心がけます。

✳ 駐車場にコーンを配置

赤いセーフティコーンを積んだ専用車でゆっくり移動しながらテンポよく駐車場にコーンをならべます。運転手はコーンと車との絶妙な距離感を保ちながら運転し、コーン配置担当はコーンを倒さないよう、正確に置いていくのがポイント。安全を配慮しながらの連携作業なので、チームの息がぴったりあうことが求められます。

POINT ならべたコーンを回収するときは、車の扉を完全にはずして作業します。

↑回収作業では、運転手が倒したコーンを、後ろのキャストがいくつかまとめて荷台にのせます。安全に気を配りながら、笑顔も忘れずに！

PARKING LOT CAST 39

キャストのお仕事 File 06

東京ディズニーリゾートの情報を案内するお仕事
ゲストリレーションキャスト

主な仕事 ▶ パーク内外の総合案内所でゲストの案内、遺失物の受付など
〈東京ディズニーランド、東京ディズニーシー、パーク外施設〉

チームワークで
ゲストが困っていることを解決!

　パーク内外にある総合案内所で、ゲストにさまざまな情報を案内するキャストです。総合案内所には、たくさんの問い合わせが届きますが、ゲスト一人ひとりの話にじっくりと耳をかたむけ、適切な情報を案内します。落とし物や友だちとはぐれてしまったときは、ほかのエリアのキャストに連絡して確認をお願いすることも。キャストのチームワークで、ゲストが困っていることをスピーディーに解決できるよう努めます。

こんなロケーションで働いています

東京ディズニーシーのゲストリレーション
東京ディズニーシーの総合情報サービス施設。パーク内に設置されたパークインフォメーションボードや東京ディズニーシー・インフォメーションでゲストを案内することもあります。

キャストからのメッセージ
泣きそうな顔でたずねてきたゲストが笑顔になると、私たちもうれしくなります。ゲストの「ありがとう」が私たちのパワーの源です!

こんな仕事をしています♪

❋ ゲストからの問い合わせに対応

「ショーは何時から?」「キャラクターにはどこで会える?」「お金をおろしたい」などの問い合わせに対応します。言葉だけでなく、ガイドマップやトゥデイなどを使って、わかりやすく説明するのがポイントです。

❋ 落とし物や忘れ物のお預かり

パークでの落とし物や忘れ物を預かります。ゲストがたずねてきたらすぐに対応できるように情報はつねにチェックします。ここに届いていないときは、落とした場所や忘れた場所のエリアのキャストと連絡をとり、確認をお願いすることも。

POINT 落とし物に関する情報は、すべて、ここ、ゲストリレーションに集められます。

キャストのお仕事 File 07
ゲストといっしょにパークめぐりの旅に出発!
ガイドツアーキャスト

主な仕事 ▶ ツアーを通してパークの魅力を案内
〈東京ディズニーランド、東京ディズニーシー〉

パークの達人として魅力や情報をゲストにご紹介!

パークの魅力をもっと知りたい、いつもとはちがった楽しみ方を見つけたい。そんなゲストの案内役となって、いっしょにパークをめぐるキャストです。ガイドをするために、パークの知識やスピールなど、覚えることはたくさん！ そのぶん、ゲストの笑顔や感動を身近に感じることができる仕事です。

東京ディズニーシーは、落ち着いたえんじ色のベストが上品です。

ガイドピンにはティンカー・ベルが!

パーク全体を案内するため、どのエリアにもマッチするコスチューム。東京ディズニーランドは、気品のある乗馬スタイルです。

キャストからのメッセージ
覚えることはたくさんありますが、とてもやりがいのあるお仕事です。ツアーの最後にゲストから「楽しかったよ」と言っていただけることが、なによりの幸せです！

こんな仕事をしています♪

❋ ガイドツアーでパークの魅力を紹介

POINT ツアーの出発前にゲストに体の具合や苦手なアトラクションなどを確認し、楽しいひとときを過ごせるようにプランを考えます。

パークで開催しているガイドツアーのガイドとして、ゲストといっしょにパークをまわります。効率的にパークをまわる道順や、すいているポイントをさがしながら歩き、パークのあちこちにちりばめられた物語や装飾のこだわりなどを紹介します。

⬆ゲストがはぐれないように確認しながら、歩きやすいようにスピードを調整するなど、ゲストが安全にツアーに参加できるように気を配ります

キャストのお仕事 File 08

キャラクターグリーティングやショーをサポート!
ショーキャスト

主な仕事 ▶ パレードフロート(山車)の誘導、キャラクターのサポートなど
〈東京ディズニーランド、東京ディズニーシー〉

キャラクターとのふれあいやパレードをお手伝い

　ショーキャストには、2つのタイプの仕事があります。一つは、グリーティングに出演するディズニーキャラクターやショー出演者のサポートです。ゲストの安全を守るために環境を整えたり、記念撮影を手伝ったりします。もう一つはパレードのサポートです。パレード中のフロートを誘導し、安全にパレードやショーができるようにします。どちらも多くのゲストのステキな思い出となるように、細やかな気配りが必要です。

※ショーキャストは「キャラクターやショー出演者のサポート」「パレードフロート(山車)の誘導」の、いずれか一つを担当します。

カラフルなミッキー模様のベスト。キャラクターのサポートをするキャストは、左胸にミッキーの手のワッペンがついています。

キャストからのメッセージ
大好きなディズニーキャラクターと出会って喜ぶゲストの笑顔が見られる仕事です。ゲストの笑顔を守るため、私たちは安全と安心を心がけて日々がんばっています!

こんな仕事をしています♪

✦ パレードルートでフロートの誘導

フロートが安全にパレードルートを走行できるように、ショーキャストがフロートの横を歩いて誘導します。ほかのショーキャストと無線で連絡をとりあいながら、チームワークでパレードの進行をサポートします。

✦ ディズニーキャラクターやショー出演者のサポート

ディズニーキャラクターやアトモスフィア・エンターテイメントの出演者を、安全に所定位置まで誘導します。誘導したあとも周囲に目を配りながら、ゲストがキャラクターとふれあえる環境を整えたり、拍手でショーを盛りあげたりします。

ゲストからの質問や相談に電話で応対
インフォメーションキャスト
File 09

主な仕事 ▶ 電話での総合案内〈パーク外施設〉

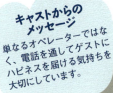

キャストからのメッセージ
単なるオペレーターではなく、電話を通してゲストにハピネスを届ける気持ちを大切にしています。

「声の笑顔」でパークの情報をご案内

東京ディズニーリゾート・インフォメーションセンターで、開園時間やチケットの料金など、ゲストからの質問や相談に対し、電話で案内するキャストです。必要な情報を調べて伝えます。ゲストと直接、顔をあわせることはありませんが、"声の笑顔"を大切にしながら接します。

気分が悪くなったり、急なケガをしたときの強い味方！
ナースキャスト
File 10

主な仕事 ▶ パーク内での応急処置など〈東京ディズニーランド、東京ディズニーシー〉

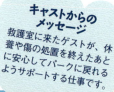

キャストからのメッセージ
救護室に来たゲストが、休養や傷の処置を終えたあとに安心してパークに戻れるようサポートする仕事です。

この仕事につくには、正看護師免許、病棟での実務経験が必要です

ディズニースマイルでやさしく看護

パーク内にある救護室で、ケガをしたり、具合が悪くなったりしたゲストの応急処置、ベッド休養時の看護などを行います。ナースキャスト一人ひとりが責任をもって行動する、やりがいのある仕事です。薬品や医療器具、リネン類の管理、カルテの整理といった仕事もあります。

ゲストの笑顔を取り戻す、ディズニーのおくすり屋さん
ファーマシーキャスト
File 11

主な仕事 ▶ ゲストへの医薬品販売など〈東京ディズニーランド、東京ディズニーシー〉

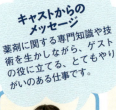

キャストからのメッセージ
薬剤に関する専門知識や技術を生かしながら、ゲストの役に立てる、とてもやりがいのある仕事です。

この仕事につくには、薬剤師、または登録販売者の資格が必要です

おくすりの専門知識や技術を生かしてゲストをサポート

パーク内にある救護室で、一般用医薬品を必要としているゲストへの医薬品販売や、相談対応を行います。救護室でいっしょに働くナースキャスト（正看護師免許取得者）と協力し、チームワークを大切にしながら勤務します。ゲスト対応のほか、在庫管理なども行います。

キャストのお仕事 File 12

料理に華（はな）をそえるワインのプロフェッショナル

ソムリエキャスト

主な仕事 ▶ 飲食施設での接客、ワインの選定・在庫管理など 〈東京ディズニーシー〉

ゲストの好みや料理にあう とっておきのワインをセレクト

東京ディズニーシー内のレストランで、ワインの選定や在庫管理など、ソムリエの知識や技術を最大限に発揮できます。たとえば、ワイン選びのお手伝い。ゲストとのコミュニケーションを通して、そのときの気分やワインの好み、選んだ料理にあわせたワインをセレクトします。ゲストから、「好みにぴったりの、おいしいワインが飲めました」などと声をかけてもらったときの喜びは格別です。

高級感のある店にふさわしいシックな色づかいで、中世ヨーロッパの貴族を思わせる優雅なデザイン。胸にはぶどうをモチーフにした、日本ソムリエ協会のソムリエバッジが輝きます。

この仕事につくには、日本ソムリエ協会（JSA）が認定するソムリエ資格が必要です

こんなロケーションで働いています

東京ディズニーシーの「マゼランズ」

フォートレス（要塞（ようさい））の中央にあるロマンチックなレストラン。世界各国の料理をワインとともに味わえます。

こんな仕事をしています♪

❋ ゲストにワインを提供

ワインを抜栓（ばっせん）したら、ゲストのグラスに静かにそそぎます。ワインは時間や空気にふれる量、温度によって味が変化していくので、ゲストのペースにあわせてサービスするのがポイントです。

❋ 在庫を管理

レストラン内のワインセラーに眠るワインの在庫を管理します。あと何本残っているかなどの確認はもちろん、きちんと整理整頓されているか、セラー内は適温（10〜12度前後）に保たれているか、ワインボトルに異常はないかなどもチェックして、シートに書き込みます。

❋ 品質をチェック

ゲストに提供する前に、ワインの品質を確かめるためのテイスティングをします。まずはラベルやコルクをよく見て、異常がないか確認。グラスに少量のワインをそそいだら、色、香り、味をチェックして、変質していないかどうか、注文されたとおりのワインかどうかを判断します。

ゲストのお仕事 File 13
お子さまの夢をかなえるお手伝い
ヘアアンドメイクアップキャスト

主な仕事 ▶ ゲストの女の子のヘアメイク
〈東京ディズニーランド、東京ディズニーランドホテル〉

魔法をかけて プリンセスに変身!

　東京ディズニーランド、東京ディズニーランドホテル内にある「ビビディ・バビディ・ブティック」で、プリンセスにあこがれるお子さま（3歳〜小学6年生）の夢をかなえるお手伝いをします。ゲストを迎えたら、ドレスを選び、ヘアアレンジとメイクアップを施します。最後に魔法をかけると、ゲストはステキなプリンセスに大変身!　ゲストはもちろん、保護者の方にも楽しいひとときを提供します。

フェアリーゴッドマザーに教えを受けたキャストらしく、どこか魔法使いを思わせるデザインのコスチュームです。

キャストからのメッセージ
小さなお子さまがステキな思い出を残せるようにお手伝いします。あこがれのプリンセスに変身したゲストの笑顔を見ると、とても感激しますよ!

この仕事につくには、美容師資格が必要です

こんなロケーションで働いています

東京ディズニーランド、東京ディズニーランドホテルの「ビビディ・バビディ・ブティック」
ディズニープリンセスに変身できる魔法のようなビューティーサロン。写真を撮影できるスタジオも併設されています。

こんな仕事をしています♪

✷ ドレスやシューズのフィッティングのお手伝い

ゲストが選んだドレスに着替えるのをお手伝いします。えりやそでをふんわりさせたり、ドレープを整えたり、チョーカーやサッシュをつけたりします。このほか、受付対応やレジ業務、商品補充業務なども行います。

✷ ヘアアレンジやメイクアップ

　ゲストがステキなプリンセスになれるよう、ヘアアレンジやメイクを行います。メイクははじめてというお子さまの緊張をやわらげるため、やさしく接するのがポイントです。ヘアカットは行いません。

POINT
ヘアメイクが完了したら、魔法のステッキをふり、「ビビディ・バビディ・ブー♪」ととなえてゲストに魔法をかけます。

Part2 東京ディズニーリゾート キャストStory
〜パークで働くことの魅力とは〜

CAST 07

ショーキャスト

荒川 将麻さん

キャスト歴
10年

ロケーション
TDLパークワイドユニット
〈 東京ディズニーランド 〉

好きなキャラクター
ミッキーマウス

> 待ちに待ったパレードが来たときの、ゲストの歓声やとびっきりの笑顔をいちばん近くで感じられるのは僕たちの特権です！

「学生のときに見たパレードにとても感動して、自分もその感動を与える側になりたいと思ったのが、キャストを目指したきっかけです」

そう語る荒川さんですが、ショーキャストとしてデビューした最初の1年間は、かなり苦労したそう。

「パレードでフロートを誘導するという言葉だけでは、まったく想像がつかなくて。『ただ近くを歩けばいいのかな？』と思っていました（笑）。実際は、フロート停止の指示出し、フロート同士の間隔調整、出演者の状況把握など、たくさんのことに気を配らなければいけないんです。自分の誘導次第で、パレードの見た目が大きく変わってしまうとわかって、これは責任重大だ！ と、とても緊張しました」

安全にパレードを進行するためには、状況をしっかり見定め、臨機応変に対応することが求められます。

「新人のころは、なかなかうまくできず、よく先輩や上司に相談しました。『心に余裕をもつことが大事』と言われたのを今でも覚えています。あとは、視野を広げること。周りをしっかりと見て、経験を積むことで、徐々に慣れることができました」

それから長い間、さまざまなパレードを見守ってきた荒川さんが考える、ショーキャストの魅力とは。

「パレードを楽しんでいるたくさんのゲストの笑顔です。それを間近で見ることができ、感動をダイレクトに受け取れるのは、ショーキャストならでは。それに、新しいショーやパレードの立ち上げに関わることができるのも魅力ですね。イベント初日まで、少しずつですが何度もリハーサルを重ねます。実際にパレードがはじまるまで、他部署の方に自分たち現場の意見を届けて、よりよいものに仕上げていくのは大変ですが、そのぶん、やりがいは大きい。無事初日を迎えた達成感と、これからも頑張ろうという決意が入り交じった感情は、何にも代え難いですね」

現在はディズニートレーナーとして、後輩キャストの育成にも携わる荒川さんに、目指すキャスト像をうかがいました。

「後輩や仲間に慕われるキャストになりたいです。困ったときはすぐ頼ってもらえるように、ふだんから周りのキャストに声をかけたり、話を聞いたりするように心がけています。とはいえ、僕自身は口下手なところがあるのですが（笑）。自分が新人のころ、とてもわかりやすく親身になって教えてくれた先輩キャストのように、自分も後輩に学んだことを伝えて、つなげていきたいです」

「パークで働くことの魅力」について、
お話をうかがうキャストStoryのPart2。
ここでは、ふだん、なかなか会う機会のない
4人のキャストにスポットライトをあててみました。
笑顔の下に秘めた、それぞれのストーリーを聞きましょう。

CAST 08

ガイドツアーキャスト

青沼 祐香里(あおぬま ゆかり)さん

キャスト歴
19年

ロケーション
ガイドツアー
〈東京ディズニーランド〉

好きなキャラクター
ダンボ

「ガイドツアーキャストの仕事は、パークの中を自由に歩きながらゲストをご案内すること。同じゲストとずっと一緒なので、より密度の濃い時間を過ごせるのが魅力です。毎回、ゲストによって、さまざまなドラマがあり、すごくやりがいを感じます」

そう語る青沼さんは大学生のときにキャストを経験し、その後、就職。しかし、「やっぱり私は、ディズニーじゃないとダメ！」という強い想いで、再びキャストに。面接や試験※を経て、以前から興味のあったガイドツアーキャストになりました。最初はどんな苦労があったのでしょう？

「ツアーの時間をオーバーしてしまうんです。毎回、なぜか20分（笑）。何度もパークを歩き、仲間と情報を共有して、時間内に終わらせるコツを頭と体で覚えていきました」

ガイドツアーといえば、膨大な知識を誇るパークの達人。どうやって情報を得ているのか聞いてみると、「基本的なスピールは、必死に覚えます（笑）。施設やバックグラウンドストーリー、建築、トリビア、キャラクター、そしてアメリカの歴史まで！ もちろん実際にパークを歩いて自分で体験するのも大切です。あと、よくするのはゲストの観察（笑）。たとえば、あるご夫婦が植栽を眺めていたら、周辺の植栽を調べ直します。隠れミッキーもゲストからのリクエストが多いので、自分で探すほか、キャストに声をかけて教えてもらうことも。ツアーでは最大12名のゲストをご案内しますが、たまにおひとりの場合もあるんです。以前、『ワールドバザールの看板をガイドして』というリクエストを受けましたが、私の知識が試される絶好の機会！ と気合が入りました（笑）」

青沼さんが思う、キャストとして守りつづけたいこととは。

「私がとても大切にしているウォルト・ディズニーの想いがあります。『ほら、見てごらんよ、こんなにたくさんのうれしそうな顔を見たことがあるかい？ こんなに楽しんでいるところを……。私は、ひとりでも多くの人に、笑顔でパークの門から出ていってほしいんだ』。そんなウォルトの想いを受けつぐのは、私たちキャストです。キャスト一人ひとりが、ゲストに小さな魔法をかけて、最高の笑顔でパークのゲートを出ていってくださるように、これからも想いをつなげていけたらと思います。ディズニーのテーマパークが永遠に完成しないのと同じように、キャストも完成形がないように感じます。私自身、もっと成長しつづけたいです」

※ガイドツアーキャストの採用方法はそのときによって異なります。

> ゲストの心に残るキャストになりたい。ウォルトの使者としてパークをガイドして、笑顔とハピネスを届けます。

CAST 09

ディズニーリゾートラインのキャスト

岡澤 彩（おかざわ あや）さん

キャスト歴
4年

ロケーション
ステーション・ガイドグループ
〈ディズニーリゾートライン〉

好きなキャラクター
バターカップ（『トイ・ストーリー』）

> 「次は、何色のモノレールが来るかな？」数分間の待ち時間にゲストに積極的に声をかけ、楽しい時間を共有したい！

「私、パークが大好きなんです。あるとき、遊びに行ったら、見たかったショーが中止になってしまい……。そんなときに、やさしく接してくれたのが、ディズニーリゾートラインのキャストでした。パークの外でも、ゲストを幸せにできるキャストがいるんだ！　と感激しました」

それがきっかけで、ディズニーリゾートラインのキャストとして働き始めた岡澤さん。主な仕事内容は、券売機の使い方がわからないゲストへのご案内や、ホームでの安全確認、自動改札機や窓口でのゲスト対応など。この仕事の魅力をたずねたところ、「ゲストとの距離の近さですね。モノレールは数分間隔で運行しています。その間、ただホームで待っているだけではゲストの時間がもったいない。お子さまに、『次は、何色のモノレールが来るかな？』とクイズを出したり、グッズを持ったゲストに『それ、新発売のグッズですよね！』と、声をかけたり。みなさんとの触れあいが楽しくてたまらないんです！」

人が好き、話すのが大好き、という岡澤さんですが、失敗した経験も。「イベントなどにあわせて、期間限定のラッピングモノレールが登場します。ある日の昼間、ゲストから『ラッピングモノレールは走っていますか？』と聞かれたので、走っていると思い、ホームにお連れしたんです。でも、待てど暮らせど、現れない。私の勘違いで、その時間帯には走っていなかったんです！　すぐに謝りました。幸い、その日はホテルに宿泊されるとのことで、確実にラッピングモノレールが走っている夜の時間帯をご案内しました。すると、翌朝、偶然お会いして、『昨夜はありがとう』と、言ってくださったんです。ホッとすると同時に、うれしく思いました」

〝ゲストの気持ちに寄り添えるキャスト〟が、岡澤さんが考える理想のキャスト。彼女が体験した、ゲストとの思い出を語ってくれました。

「以前、ディズニーリゾートラインのキャストは、バースデーシールをゲストにお渡ししていなかったんです。そのころ、ゲストに『誕生日なんです』と言われ、何かしてあげたいと思いました。『おめでとうございます』と言うだけでは、ディズニーキャストとして不充分だと思って。それで、ディズニーリゾートラインのインフォメーションが載っている冊子にメッセージを書いてお渡ししました。喜んでもらえて、私もニッコリ。どうしたらゲストに喜んでもらえるか、答えはひとつではありません。相手を大切にして、自由に考えて行動できる。これが、ディズニーキャストの醍醐味（だいごみ）であり、楽しさだと思います」

CAST 10

ディズニーホテルのキャスト

今井 翔平さん

キャスト歴
4年

ロケーション
ゲストサービス課ルームサービス／
サービスホットライン
〈東京ディズニーシー・
ホテルミラコスタ〉

好きなキャラクター
ウッディ

「もともと、昔からホテルマンにあこがれていました。人のために何かをしてあげたい。究極のサービスとはなんだろう。そう考えたときに浮かんだのが、ホテルでした。そこに、ディズニーの夢と魔法というエッセンスが加わったディズニーホテルなら、自分の思い描くサービスがきっとできると確信したんです」

配属されたのは、ルームサービスというロケーション。部屋で食事などをサービスするので、ゲストもリラックスしていて、より親密な雰囲気で接客できるのが魅力です。また、東京ディズニーシー・ホテルミラコスタはパーク一体型ホテルということもあり、アニバーサリーで利用するゲストも多いとか。プロポーズや誕生日など、特別なシーンでサービスすることも少なくなく、ゲストの人生の大事な思い出の1ページに残れることが喜びだといいます。

ディズニーホテルのキャストとして、どんなところにやりがいを感じるかをたずねると、

「ホテルマンとして、言葉遣いや所作などに気をつけるのは当然のこと。でも、それだけではディズニーキャストとしてはものたりない。親しみやすさというか、ディズニーならではのサービスをきかせなければいけないんですよね。たとえば、テーブルの上でお皿をミッキーフェイスのように並べたり、廊下で小さなお子さまとすれ違ったら、しゃがんで目線をあわせて手を振ったりするのも、ディズニーホテルならでは。ただ、フランクにすればいいのではなく、そのときのシチュエーションに応じて、"ゲストは今、どんな風に接してほしいのだろう？"と考えながらサービスするところに、ディズニーホテルのキャストのやりがいを感じます」

そんな今井さんには、とても尊敬する先輩がいるそうです。

「知識量が豊富で業務の幅が広い。その上、後輩キャストのつらそうな気配を少しでも感じると、すぐに『どうしたの？』と声をかける気遣いも。心から尊敬できる先輩で、少しでも近づくために、仕事ぶりを見ながらマネするようにしています」

最後に、キャストを目指す読者へのメッセージをうかがいました。

「ゲストにハピネスを感じてもらうには、まずは自分自身が幸せや楽しさを感じることが大切。ふだんの生活で感じる、小さな喜びを忘れずにいてほしいですね。そうして自分を豊かにできれば、人も豊かにできる。自分にとってうれしいことを自然にサービスできれば、すばらしいキャストになれるのではないでしょうか」

> 一流ホテルとしての格式にディズニータッチをプラスした、ディズニーホテルならではのサービスを心がけています。

✦ CAST MEMBERS PRIVILEGES ✦

キャストだけの 特典がいっぱい！

東京ディズニーリゾートでは、キャストが楽しくやりがいをもって働けるよう、キャスト向けイベントの開催や、表彰制度など、さまざまなキャストだけの特典が用意されています。これを読めば、あなたもキャストとして働いてみたくなるかも!?

特典 1 キャスト向けイベント

↑上西社長とハイタッチ♪
←エントランスでは、コスチューム姿の上司がキャストをお出迎え。上西社長はカストーディアルキャストのコスチュームを身につけて登場！

↑セレモニーにはミッキーたちも参加！

↑サンクスデーだけの特別なセレモニーでは、日ごろさまざまなところで働くキャストが一堂に会して、熱気と一体感につつまれます

サンクスデー

閉園後のパークを貸し切り、上司が、日々働くキャストに感謝の気持ちをこめて、おもてなしをするイベントです。この日だけのセレモニーが行われたり、コスチュームを身につけた上司と記念写真を撮ったりと、特別な体験を楽しめる日！ キャストはつねにゲストの目線を忘れないための、また上司はあらためて日ごろの感謝を伝えるための、大切な日でもあります。

キャストペップラリー

周年イベントの前に開催される、キャスト向けイベント。"ペップラリー"とは決起集会のことで、この日はロケーションを問わず、多くのキャストが集結！ 特別なフラッグを振って踊って、士気を高めます。

➡ピンナップをCHECK!!

特典 2 表彰制度

スピリット・オブ・東京ディズニーリゾート

キャスト同士が、お互いのよいところを認めあい、すばらしいと思った行動をメッセージカードに記入し、送る活動。メッセージ交換の結果、選出されたスピリット・アワード受賞者にはスピリット・アワードピン（P81参照）が授与され、年1回の式典で表彰されます。

ファイブスタープログラム

すばらしい対応をしたキャストに、上司がカードを手渡します。カードはオリジナルの記念品と引き換えられるほか、特別プログラムに参加できます。

↑メッセージカードに、すばらしいと思った行動を記入し、専用ポストに投函！

サービス・アワードプログラム

一定の勤続年数に達したキャストには、ネームタグにつけられるサービス・アワードピン（P81参照）を贈呈！ 勤続年数にあわせた、さまざまなデザインのピンがあります。

まだまだうれしい特典がいっぱい！ そのほかの特典

キャスト専用パスポート

パークを体験することで得た知識をゲストサービスに生かすために、東京ディズニーランド、東京ディズニーシーのどちらかに入園できる1デーパスポートが配付されます。

カヌーレース

年に一度、開園前のアメリカ河で開催されるカヌーレース。チーム対抗で開催され、上司や仲間といっしょにチームを組んで参加することができます。

リゾートポスト／リゾートチャンネル

キャスト生活に役立つことまちがいなし！ パークのイベント情報や、キャストの想いなどが掲載された、雑誌と番組が提供されます。

I have アイデア

ゲストに楽しんでもらえるようなフードやサービス、グッズなどのアイデアを大募集！ こんなふうにアイデアが実現しちゃうかも？

↑もちもちした皮の中にクリームが詰まった「リトルグリーンまん」は、おやつにぴったり

↑ポップコーン、レギュラーボックスの上部に折り目がついていて、封ができる。食べ歩きするときも安心

キャストプレビュー

リニューアル、新規オープンするアトラクションなどを、ひと足先に体験できるのも、キャストならでは！

キャスト・アクティビティーズ・センター

勤務の前後にくつろげる施設で、詳しいパーク運営情報はここで確認できます。各種パークチケットなども販売していて便利です！

キャストショップ

パークで販売されているグッズを従業員割引価格で買えちゃう、キャスト専用ショップ。キャストだけのオリジナルグッズもあります！

近隣施設優待

パークの近隣施設では、割引などのサービスを受けられるところも。勤務後の仲間との食事もおトクに楽しめます♪

※特典はすべてのキャストが対象ではなく、特典を受けるための条件がある場合もあります。

Q1

今日、あなたは
キャストデビューします。
ディズニーキャストとしてふさわしい
身だしなみは、どれでしょうか？

1. 自分の好きなキャラクターの
グッズを、たくさん身につけて
気分を上げる
2. シンプルで上品な、ノンキャラ
クターのヘアアクセサリーで、
乱れないように髪をとめる
3. ふだんの自分らしく、いつも通
りに。長い髪も、そのまま自然
におろしておく

Q2

あなたはアトラクション
キャストです。入り口のそばに
立っていたら、子どものゲストから
「前に会ったキャストのお姉さんに
会いたい」と言われました。
よく話を聞いてみると、
そのキャストは、どうやら今日は
お休みのようです。
どう、答えますか？

Attraction Cast

こんなとき、どうする？
キャスト別シチュエー

キャスト別にさまざまなシチュエーションを用意して、クイズ
こんなとき、どうしますか？ 新人キャストになった気持ちで

―「答え」を見る前に伝えたいこと―

ここで紹介しているクイズの「答え」は、あくまでも1つの例で、
絶対的なものではありません。キャストは、
「ハピネスを創造する」というゴールを目指し、
その時々のシチュエーションに応じて自由に考え、行動します。
キャストが、どう対応するかの答えは、決して1つではないのです。

Q6

あなたは
カストーディアル
キャストです。道にジュースが
こぼれているのを見つけて、
そうじをしようとしたら、
ゲストに記念撮影を
頼まれました。
どうしますか？

Q5

あなたはゲストコントロール
キャストです。外国人のゲストに
何か質問されましたが、外国語が
わかりません。どうしますか？

1. 仲間に相談して、外国語を
話せるキャストを呼ぶ
2. ジェスチャーやカタコトの
英語で、なんとか頑張る
3. スマートフォンの翻訳アプ
リを使う

Guest Control Cast

Custodial Cast

シチュエーションクイズ を出題します。答えてみましょう！

Q3 あなたはマーチャンダイズキャストです。「このグッズはどこにありますか？」と質問され、調べてみると、かなり前に販売が終了して在庫がありませんでした。どう、対応しますか？

Q4 あなたはセキュリティオフィサーです。パークを歩いていると、小さな子どもがひとりで泣いているのを発見しました。どうしますか？
1 そっとしておいてあげる
2 迷子かもしれないから、大きな声を出して親を呼ぶ
3 「どうしたの？」とやさしく声をかけ、子どもの名前を聞く

Q7 あなたはパーキングロットキャストです。ゲストが困っていたので、声をかけると、「車をどこにとめたか、わからなくなってしまった」と言われました。どうしますか？

答え

A1 キャストは、誰から見ても清潔で気持ちのよい見た目でいるために、「ディズニールック」を守っています。また、パークの世界観を妨げないよう、キャラクターがついているものは、基本的には身につけないようにしています（クイズの答えは「2」）。

A2 こういう質問が来た場合、「どう伝えたらゲストが残念な気持ちにならないか」を考えます。たとえば、「ジャングルクルーズ：ワイルドライフ・エクスペディション」だったら、「動物を探しに探検に出かけているよ」など、ロケーションにあわせたキーワードを入れると、ゲストが喜んでくれるかもしれません。

A3 まず、ゲストに残念な事実を伝える際、どう伝えればゲストが少しでも幸せな気持ちで帰ることができるか考えます。たとえば、ゲストの欲しいグッズの販売が終了したことを伝えたら、何か代わりになりそうなオススメのグッズを提案するなど、ゲストが笑顔になれるような対応を心がけましょう。

A4 たとえば、やさしく声をかけたり、楽しい話をしたり、どうしたらお子さまが安心してくれるかを考えます。もし、保護者とはぐれてしまったようなら、迷子センターのキャストに、保護者から迷子の問い合わせが届いていないか確認して、迷子センターまで一緒に歩いていきましょう（クイズの答えは「3」）。

A5 このシチュエーションでいちばん大切なのは、「ゲストの質問に答えよう」「何かをしてあげよう」と思う気持ちです。ですから、3つある対応のどれを選んでも間違いではありません。パークからのお願いやサービスの説明などを記載した、外国語のガイドマップなどもあるので、渡してあげるとゲストの役に立ちそうです（クイズの答えは「1」「2」「3」どれも正解）。

A6 ディズニーテーマパークには、「The Four Keys〜4つの鍵〜」という行動規準があります。Safety（安全）、Courtesy（礼儀正しさ）、Show（ショー）、Efficiency（効率）の4つのうち、もっとも大切なのは、ゲストにとっても、キャストにとっても安全を最優先することです。ですから、今回のシチュエーションでは、まず、こぼれたジュースの上にペーパータオルなどをかぶせ、ほかのゲストが滑ったりしないように安全を確保してから、記念撮影のお手伝いをするのがよさそうです。つねにゲストの安全に気を配るのは、キャストの大切な仕事です。

A7 いちばん大切なのは、不安な気持ちになっているゲストに寄り添うことです。そのうえで、ゲストが何時ごろに駐車したかを聞くようにしています。そうすることで、どのエリアに車を案内していたかがわかるので、ゲストにおよその場所を伝えることができるのです。そのときの状況次第では、ゲストと一緒に車を探すこともできますが、ポジションを離れてしまうと、もしかしたら仲間に思わぬ負担をかけるかもしれないことを考えて行動するといいでしょう。

キャストのお仕事 File 14

ゲストの大切な思い出の一つ「おみやげ」を販売

マーチャンダイズキャスト

主な仕事 ▶ 商品の販売・レジ会計・袋づめ・補充
〈東京ディズニーランド、東京ディズニーシー、パーク外施設〉

中世ヨーロッパのドレスを思わせる、シックなデザイン。パープルの色づかいが上品なイメージです。

商品の補充や販売はもちろん おみやげ選びのアドバイスも

　ゲストにとって"おみやげ"は、ただのモノではなく、その日、パークで過ごした楽しい思い出につながる大切なアイテム。そんな大事な商品を販売するのが、マーチャンダイズキャストです。商品を補充したり、ディスプレイをきれいにしたり、レジで接客したり、袋につめたり、仕事内容はさまざま。商品をさがしているゲストへの対応や、どんなおみやげを購入したらいいか迷っているゲストにアドバイスをすることもあります。

キャストからのメッセージ
たくさんのディズニーグッズに囲まれて働く仕事です。ゲストとふれあう機会が多く、ステキなおみやげを持ち帰ってもらうお手伝いができるので、やりがいがあります！

こんなロケーションで働いています

東京ディズニーシーの「エンポーリオ」
東京ディズニーシーのメディテレーニアンハーバーにあるパーク内最大のショップ。イタリア語で"百貨店"という名前のとおり、ぬいぐるみ、キーチェーンなど人気のおみやげが大集合！

こんな仕事をしています♪

✲ 商品の補充

足りなくなった商品を専用のカゴを使って、棚に補充します。このとき、ただ置くのではなく、ゲストが気持ちよくショッピングできるよう、きちんときれいにならべるのが大切。ゲストから質問を受けたらていねいに対応し、商品をさがしているゲストには積極的に声をかけてお手伝いします。

✲ レジ会計／レジ前の列の整理

レジに入り、ゲストとお金のやりとりをしたり、商品を袋につめたりします。商品の入れまちがいや、おつりのまちがいなどがないよう、笑顔で接客しながらも慎重に。また、店内が混雑したら、レジ前の列を整えます。

➡東京ディズニーシーのアメリカンウォーターフロントにある「マクダックス・デパートメントストア」。ダッフィーのグッズなど、豊富な品ぞろえが魅力

ダッフィーの商品補充には特別なバッグを使っています

ダッフィーのぬいぐるみを補充するときは、専用のバッグを使います。これは、"ミッキーのダッフルバッグに入っていたことからダッフィーと名づけられた"というストーリーにちなんだもので、キャストのアイデア。名前が入った専用バッグに、ぜひ注目を。

MERCHANDISE CAST

マーチャンダイズキャストの1日に密着!

人気ショップのキャストの1日に密着。閉園間際まで働く遅番勤務のキャストは、どんな仕事をしているのでしょうか。

PROFILE
内藤 恵さん（ないとう めぐみ）
キャスト歴 ● 5年
ロケーション ● グランドエンポーリアム〈東京ディズニーランド〉
好きなキャラクター ● ハム（『トイ・ストーリー』シリーズ）

メインエントランスを入ってすぐのワールドバザールにあり、充実した品ぞろえを誇るパーク内最大のショップ。

14:30
会社に到着・着替え

お仕事スタート
15:00
朝礼
スペシャルイベントなどの新商品や欠品しているグッズなどの報告を聞きます。また、パークやアトラクションの運営状況、ゲストのようすを聞いて、お店の混雑予想などを頭の中でまとめます。

→ゲストが購入した商品を袋づめしてレジ会計をサポートするポジションにもつきます
→ゲストに商品を渡すときは、笑顔を忘れずに！

「ありがとうございました！」

15:15
レジ業務スタート
レジでの会計は、直接ゲストと接するポジションです。笑顔で接客しながら、商品の入れまちがいや、おつりのまちがいなどがないよう、つねに気を配ります。

「お誕生日おめでとうございます♪」

←お誕生日だとわかったゲストには、バースデーシールをお渡しします。ニッコリほほえんで、ゲストの特別な日をお祝いします

MEMO バースデーシールにはゲストから聞いた名前をていねいに書きます。

↑ゲストから商品を受け取ったら、正しくレジに打ち込みます

17:00
レジ前で列を整理
店内が混雑すると、レジにならぶ列もわかりにくくなります。順序よく進めるように列を整え、ゲストを案内します。

「こちらにおならびください」

18:00
食事のための休憩時間（45分）

18:45
お仕事再開／棚に商品を補充

足りなくなった商品を補充しながら、棚をきれいに整えます。ゲストから質問をされることも多く、困っているゲストを見かけたら、「なにかおさがしですか？」と声をかけてお手伝いします。

↑「商品の補充もショーの一部」という気持ちを大切に！
→商品の補充をしているときにゲストに声をかけられ、ぬいぐるみの売り場までご案内

ドナルドのぬいぐるみ、かわいいですよ♪

22:30
クローズ後作業

レジ締め作業では、その日1日の売上記録と、レジの中にあるお金があっているかを確認します。

レジ締め作業は必ず2人1組で！

→金額があうか、緊張の瞬間。何度もチェックして、この日の作業は無事に終了しました

MEMO
明日もゲストが気持ちよくお買い物できるように、店内をチェック。商品を補充したり、ならべ替えたりしてディスプレイを整えます。

22:00
入り口でゲストのお見送り

この日のパークは22時でクローズ。お買い物を終えたゲストを、ショップの入り口でお見送りします。

↓→やさしく手をふってお見送りするほか、ぬいぐるみやおもちゃを使ってグリーティングすることも

バイバーイ！

内藤さんの Little Magic

ただショッピングをするのではなく、パークにいることを楽しんでもらえるように、自分から積極的に声をかけています。ゲストが手に取った商品をきっかけに、お話が盛りあがったときは、私もうれしくなっちゃいます。

23:00 お仕事終了
↓

23:15 着替え・帰り支度

おつかれさまでした！

マーチャンダイズキャストの仕事例

世界に一つだけのグッズを作るお手伝い
フロンティア・ウッドクラフト
FRONTIER WOODCRAFT

　レザーアイテムで作るオリジナルグッズを販売する仕事です。無料で刻むネームや、組みあわせる別売りのリベット（鋲(びょう)）などのオーダーをとったら、カウンターで購入手続きを行います。機械を使ってネームを刻み、オーダーどおりのグッズを完成させたら、受け取りに来たゲストに渡します。

パークを楽しむ必需品、バルーン・光り物グッズを売ります〈東京ディズニーランド、東京ディズニーシー〉
バルーンベンダー／マーチャンダイズベンダー
BALLOON VENDORS / MERCHANDISE VENDORS

　カラフルなバルーンを持つ姿が印象的なバルーンベンダー。ゲストにバルーンを渡すときは、風で飛んでしまわないように重りをつけるのがポイントです。マーチャンダイズベンダーは、移動式ワゴンで光るグッズなどを販売します。どちらのベンダーも、質問や道案内といったゲスト対応も行います。

パークの外でもディズニー流のおもてなしを！
ボン・ヴォヤージュ
BON VOYAGE

　JR京葉線舞浜駅のすぐ近くにあるショップで、東京ディズニーリゾートのグッズを販売しています。店内でのゲスト対応のほか、キャストが入り口に立ち、道行くゲストに明るくあいさつをするのがディズニー流のおもてなし。ときには、電車の車窓に向けて手をふることもあります。

キャストのお仕事 File 15

ホテルならではの快適なショッピングをご提案
マーチャンダイズホテルキャスト

主な仕事 ▶ 商品の販売・レジ会計・袋づめ・補充〈ディズニーホテル、東京ディズニーリゾート・オフィシャルホテル、東京ディズニーリゾート・パートナーホテル〉

落ち着いた時間が流れるホテルでショッピングのお手伝い

　ホテル内にあるショップで働くのは、マーチャンダイズホテルキャスト。東京ディズニーリゾートのグッズはもちろん、ここでしか購入できないホテルのオリジナルグッズも販売します。パークとは異なる、洗練された雰囲気のなか、ゲストにゆっくりショッピングを楽しんでもらうため、上品でていねいな接客を心がけます。おみやげをさがすゲスト一人ひとりとしっかりお話しして商品を提案できるのも、ホテルの醍醐味です。

こんなロケーションで働いています

東京ディズニーランドホテルの「ディズニー・マーカンタイル」
ディズニーホテル内で最大規模を誇るショップ。グッズの数や種類も豊富にそろい、宿泊ゲスト以外も利用可能です。

キャストからのメッセージ
ホテルというゆったりした環境のなかで、ディズニーらしい親しみやすさと、ホテルらしいていねいさのバランスをとりながらゲストをご案内しています。

こんな仕事をしています♪

❈ 商品の補充

商品を補充するときは、商品がきれいに見えて、ゲストからもわかりやすいように、向きにも気を配ります。補充中もディズニースマイルは忘れません。
写真／ディズニーアンバサダーホテルの「フェスティバル・ディズニー」

❈ レジ会計／限定グッズの紹介

　レジでは、ゲストがもってきた商品の会計を行います。また、ディズニーホテルでは、宿泊者のみが購入できるグッズを取りあつかっています。これらは棚に陳列していないので、購入を希望するゲストが来たときは、カウンターでていねいに対応します。

キャストのお仕事 File 16

東京ディズニーリゾート内の飲食施設でおもてなし

フードサービスキャスト

主な仕事 ▶ 飲食施設での接客〈東京ディズニーランド、東京ディズニーシー〉

ディズニーならではのメニューやサービスをゲストにお届け

カジュアルな店から落ち着いた雰囲気の店まで、東京ディズニーリゾートならではのテーマをもった飲食施設で働くキャストです。テーブルサービス、カウンターサービス、屋外のワゴンなど、飲食施設のサービス形態によって仕事の内容は異なりますが、おもにゲストのお出迎え、料理のオーダー受付、料理の提供、レジの会計などをします。どの店でも、とびっきりの笑顔で、ゲストにおいしくて楽しいひとときを届けます。

食べ物をあつかう仕事なので、衛生と安全のためにツメは短く切っておきます。

キャストからのメッセージ

ゲストにとって、食事もパークでの楽しみの一つ。私たちは思い出に残るお食事とサービスをお届けできるよう心がけています。

写真左／東京ディズニーランドの「ブルーバイユー・レストラン」
写真右上／東京ディズニーシーの「ケープコッド・コンフェクション」
写真右下／東京ディズニーシーの「セバスチャンのカリプソキッチン」

飲食施設は5つのタイプがあります!

東京ディズニーリゾートの飲食施設は、大きく分けて5つのタイプがあります。メニューの提供方法、料金、サービスの方法などが異なり、仕事の内容や流れもタイプによってちがいがあります。

ショーを開催するレストランもあります

ショーを見ながら食事ができるレストランもあります。ショーの内容によっては、そのレストランのフードサービスキャストがショーの一部に参加することも。

写真／東京ディズニーランドの「ザ・ダイヤモンドホースシュー」

テーブルサービス

テーブルで料理をオーダー受付&提供

ゲストをテーブルに案内してから注文を受け、料理を提供。ゆっくり食事を楽しむタイプのレストランです。

写真／東京ディズニーランドの「れすとらん北齋」

バフェテリアサービス

カウンターにならぶ料理から選んで会計へ

カウンターにならぶ料理から、ゲストが食べたい料理や飲み物を自由に選んでトレーにのせ、先に会計をすませます。席をさがしているゲストがいたら、テーブルへ案内します。

写真／東京ディズニーシーの「カフェ・ポルトフィーノ」

ブッフェ

好きな料理を好きなだけ!

まずはゲストをテーブルへ案内。あとはゲストがブッフェ台にならんだ料理から好みのものを自由に皿に盛って、好きなだけ食べられるレストランです。会計は最後にします。

写真／東京ディズニーランドの「クリスタルパレス・レストラン」

カウンターサービス

レジでオーダー受付&会計してから料理をお渡し

ゲストがレジで注文した料理の会計をすませてから、カウンターで料理を渡します。

写真／東京ディズニーランドの「パン・ギャラクティック・ピザ・ポート」

ワゴン

スナックなどのお手軽フードがメイン

ワゴンで、スナックやスウィーツ、ドリンクなどを販売。おもに食べ歩きできるお手軽メニューをあつかっています。

写真／東京ディズニーシーの「ポップコーンワゴン」

FOOD SERVICE CAST

フードサービスキャストの1日に密着!

フードサービスキャストとして働く小林さんに密着!
どんなスケジュールで仕事をするのでしょうか?

PROFILE
小林 麻美さん
- キャスト歴 ● 5年8ヵ月
- ロケーション ● カフェ・ポルトフィーノ〈東京ディズニーシー〉
- 好きなキャラクター ● アリエル

じっくり焼いたロティサリーチキンや魚介類を使った地中海料理が名物のレストランです。

9:00 会社に到着
コスチュームに着替えて勤務先のレストランへ移動します。

お仕事スタート
9:30 レストランで朝礼
ロケーションのリーダーから、新しいメニューや休止アトラクション、注意事項などを聞きます。

←ロケーションのリーダーの言葉を聞きもらさないよう、注意深く聞きます

すみずみまでしっかり手洗い!

←朝礼が終わったら、まずは手洗いです。食べ物をあつかう仕事なので、石けんと消毒液を使って手やツメ、ひじまで洗い、清潔にしておきます

9:45 オープンの準備
この日のレストランのオープンは10時。それまでにテーブルをふいたり、料理を用意したりして、オープンにそなえます。

備品を台にセッティング

←カウンターやガラスをふき、つねに清潔な状態にしておきます

←ナプキンやストローなどの備品も、オープン前にセットします

10:00 レストランオープン
まずはレストランの入り口へ。入り口の前に立ち、レストランをおとずれたゲストを案内します。

MEMO
入り口では、ショーの開催時間やレストルームの場所などを聞かれることも。レストラン以外の情報も把握しておく必要があります。

←レストランにおとずれたゲストを、お店の中へと案内します
↓お店の外にあるディスプレイでメニューを説明

季節限定のメニューもありますよ!

MEMO 仕事のポジションは、数時間ごとに交代します。

お待たせしました！

🕚 11:00 カウンター内で料理の提供

このレストランは、カウンターにならんだ料理からゲストが食べたいものを選ぶ「バフェテリアサービス」タイプ。ゲストが料理をすぐに取れるよう、カウンターに料理をならべます。

料理が少なくなったらすぐに補充！

←ゲストが選ぶ料理をきらさないように、ストックが十分にあるか、つねに気を配ります

こんなお仕事もします！
ゲストが選んだ料理をレジに打ち込んでお会計。打ちまちがいやおつりのまちがいがないよう、慎重に確認をします。

↑メインの料理やスープなどは、ゲストが注文してから盛りつけて渡します

🕐 13:00 休憩時間（45分）

🕐 13:45 レストラン内でゲスト対応

席をさがしているゲストがいたら、空いている席を案内します。テーブルやイスの汚れ、安全面をすばやくチェックすることもおこたりません。

↑カメラを持っているゲストに声をかけて、記念撮影をすすめることも

↑にこやかにゲストを席までご案内。ゲストがお子さま連れの場合は、ベビーチェアやエプロンを用意します

MEMO 食事が終わった席はきれいに片づけて、次のゲストが気持ちよく使えるよう、準備をします。

小林さんの Little Magic

まずは「笑顔」を第一に、お食事に来ていただいたゲストが快適に過ごせるような空間づくりを心がけています。また、「バフェテリアサービス」は東京ディズニーリゾートならではの形式なので、どんなゲストでも注文方法がわかるようにご案内しています。

🕓 16:00 お仕事終了
↓
🕓 16:15 着替え・帰り支度

おつかれさまでした！

FOOD SERVICE CAST 63

フードサービスキャストの仕事例

ゲストのペースにあわせて料理を提供
イーストサイド・カフェ
EASTSIDE CAFE

　ワールドバザールにあるテーブルサービスタイプの飲食施設です。店のテーマは、20世紀初頭のアメリカの上流階級の人々が集う美しいレストラン。ゲストが優雅なひとときを過ごせるようなおもてなしが特徴です。店内への案内、料理の提供、レジでの会計など、ポジションは時間や日によって交代します。混みあっているときでも、ゲストがスムーズで快適に食事ができるよう、キャストのチームワークを発揮します。

― ロケーション ―

東京ディズニーランドのワールドバザールにあるレストラン。店内にはヴィクトリア朝様式の調度品がならび、落ち着いた雰囲気です。

↑レストランの入り口では、笑顔でゲストを出迎えます

20世紀初頭のアメリカの上流階級のレストランにふさわしい、レトロなドレス。うすいピンクの色あいやそでのフリルがキュートです。

こんな仕事をしています♪

※ プライオリティ・シーティングの受付

「イーストサイド・カフェ」では、指定時間に来店すると、少ない待ち時間で優先的に席に案内する「プライオリティ・シーティング」を実施。店頭のカウンターで受付を行います。申し込みに来たゲストから時間や人数、名前を聞き、専用のカードを渡します。

※ メニューの説明

レストランをおとずれたゲストをテーブルに案内し、メニューを渡します。その際に、おすすめメニューの内容やコース料理の組み合わせ方などを説明します。

※ 料理の注文受付と提供

ゲストから受けたオーダーにまちがいがないか確認します。料理ができあがったらテーブルへ。コース料理のときは、ゲストの食べるペースにあわせて出すようにします。

たくさんの料理から好きなだけ食べてもらう
クリスタルパレス・レストラン
CRYSTAL PALACE RESTAURANT

世界各国のバラエティ豊かなメニューがならぶ、ブッフェタイプのレストランです。ゲストがいつでも好きな料理を食べられるように、ブッフェ台の料理が少なくなったら補充や交換をして、十分に食事を楽しめるよう、目を配ります。また、このレストランはパレードルートの近くにあり、パレードのあとはたくさんのゲストがおとずれることも。そんなときでもスムーズに対応できるよう、ゲストの流れを把握することも大切です。

↑ゲストが快適に食事を楽しめるように、店内の状況をチェックしながら使い終わったお皿を下げたり、テーブルを片づけたりします

ロケーション

東京ディズニーランドのアドベンチャーランドにあるガラスの宮殿です。19世紀にイギリスで流行した温室がモデル。夜はライトアップされ、幻想的なムードになります。

深い緑のスカートと花柄のシャツは、熱帯植物を観賞できる温室というテーマにピッタリのデザイン。あざやかな色あいがステキです！

こんな仕事をしています♪

✹ 入り口でのゲスト対応

店の入り口に立ち、レストランの紹介やゲストの案内をします。アトラクションやレストルームなどについて聞かれることもあるので、パークの情報はしっかり覚えておきます。

✹ 備品の補充

ナプキンをたたんできれいにならべたり、店内のシルバー（ナイフ、フォークなど）やお皿を補充したりします。ゲストが快適に食事できるよう、備品は、まめにチェックします。

✹ 料理の補充や交換

ブッフェ台を確認し、料理が少なくなったメニューは、すぐに新しいものと交換。ゲストにはいつでもおいしい料理を食べてもらえるようにしておきます。

✳ **フードサービスキャスト**の仕事例

食事とショーが楽しめるレストランへご案内
ケープコッド・クックオフ
CAPE COD COOK-OFF

村の特産物を使ったコッドフィッシュバーガーやハンバーガーなどが味わえる、カウンターサービスタイプの飲食施設です。お店の一部のエリアではダッフィーが主役のショーも開催しています。そのため、ショーを見ながら食事をしたいゲストと、食事だけを楽しみたいゲストがおとずれるので、それぞれのゲストにあわせた案内をします。

― ロケーション ―

東京ディズニーシーのアメリカンウォーターフロントのケープコッドにあるタウンホール（村役場）。村一番の料理を決めるコンクールがここで開催され、村の伝統料理をゲストにふるまっています。

キャストからのメッセージ
ダッフィーのショーはとても人気なので、時間によってはゲストをお待たせしてしまうことも。キャストのチームワークで効率を上げ、少しでも早く案内できるようにしています。

緑のチェックのスカートとそでがふんわりしたシャツ。あたたかみのあるカントリーチックなデザインです。

こんな仕事をしています♪

✳ 料理の注文とお会計

ゲストから注文する料理を聞き、レジに打ち込んで会計をします。ゲストからお金を受け取ったときとおつりを渡すときは、確認のために「1000円お預かりします」「100円のお返しです」などと、金額を声に出します。

✳ 料理のお渡し

ゲストが注文した料理を用意します。用意したものがまちがっていないか、ゲストのレシートと照らしあわせて確認します。店外で食べたいゲストには、紙のトレーを用意することもあります。

✳ 空いている席へご案内

ショーを楽しむエリアへは、キャストが席まで案内します。グループの人数の確認、空いている席の確認、席への案内と、仕事を分担してゲストをスムーズに案内します。

専用ワゴンでポップコーンを販売
ポップコーンワゴン
POPCORN WAGON

　パークのあちこちにある専用ワゴンでポップコーンを作って販売します。ワゴンによってポップコーンの味や取りあつかっているポップコーンバケットの種類が異なります。ポップコーンをつめる人、ポップコーンバケットや箱を用意する人、会計する人と役割を分けて、ゲストに速やかにポップコーンを渡せるようにします。お目当てのポップコーンを販売している場所を聞かれることもあるので、自分の担当以外のワゴンの情報も覚えます。

冒険家をイメージしたコスチュームで、シャツには東京ディズニーシーの各テーマポートのイラストが描かれています。

ロケーション

パークのあちこちにあるポップコーンワゴン。エリアのテーマにあわせたデザインのワゴンもあります。左の写真は、東京ディズニーシーのマーメイドラグーンにある「アリエルのグリーティンググロット横」のワゴン。

↑ワゴンで作った、できたてのポップコーンをゲストに味わってもらいます

こんな仕事をしています♪

✤ 注文とお会計

POINT
ポップコーンが箱からこぼれないよう、両手でしっかり持って渡します。

ゲストからポップコーンの数やポップコーンバケットの有無を聞き、会計をします。

✤ ポップコーンの用意

POINT
箱をゆすって整え、ポップコーンが均一に入るようにします。

注文が入ったら、ワゴン内のポップコーンをかきまぜて、箱いっぱいにつめます。つめ終えたポップコーンは会計をしているキャストに渡します。

FOOD SERVICE CAST

キャストのお仕事 File 17

パレードやショーを案内してゲストと喜びをわかちあう
ゲストコントロールキャスト

主な仕事 ▶ パレードやショーでの案内・誘導〈東京ディズニーランド、東京ディズニーシー〉

ベストの胸部分にあるミッキーのワンポイントがおしゃれ。ブラウスのボタン部分にも同じミッキーシェイプがデザインされています。

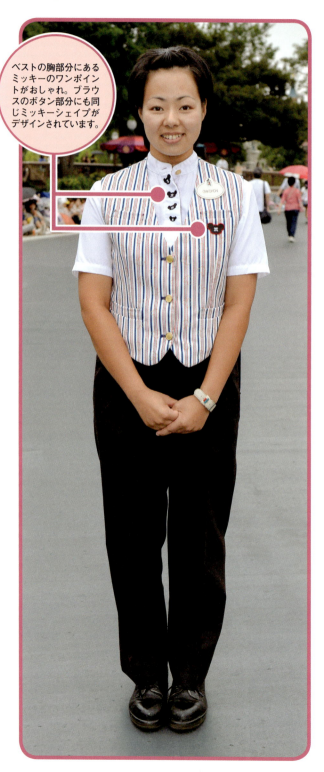

パレードやショーをご案内 ときには振りつけの説明も！

ゲストがパレードやショーを安全に鑑賞できるよう、鑑賞エリアへの案内や、通路を横断する際の誘導などをします。ゲストが気持ちよく楽しめるようにサポートするのが、ゲストコントロールキャストの仕事です。はじまる前に、大きな声でスピールしたり、途中で行われるダンスの振りつけを実演したりして、パレードやショーを盛りあげるのも大事な役割の一つ。ゲストの感動を間近に感じることができる仕事です。

キャストからのメッセージ
質問を受けたり、写真撮影を頼まれたり、ゲストとの関わりを楽しみながら働けます。大きな声でのスピールや振りつけの実演もあるので、やってみたい方は、ぜひ挑戦を！

こんなロケーションで働いています

東京ディズニーランドの パレードルートなど
ファンタジーランドからウエスタンランド、プラザをぬけて、トゥーンタウンへと続くパレードルート。趣向を凝らしたフロートや、ディズニーキャラクター、ダンサーたちがはなやかに登場します。

こんな仕事をしています♪

ゲストへの案内

ゲストコントロールキャストは、ゲストからパレードやショーに関するいろいろな質問を受けます。パレードやショーの時間、お目当てのディズニーキャラクターがいるフロートの停止位置など、質問内容もさまざま。臨機応変かつ、にこやかな対応が求められます。

鑑賞エリアへの案内

ゲストに、パレードやショーを気持ちよく見てもらうために鑑賞エリアを案内します。ゲストの希望やパークの状況に従い、的確で安全なエリアを案内するのが腕の見せどころ。ゲストがどれだけショーやパレードを楽しめるかを決める重要なポイントといえるでしょう。

クロスオーバー対応

クロスオーバーとは、パレードルートに設ける横断通路のこと。クロスオーバーを確保して、ゲストが安全に横断できるよう、大きな手ぶりで誘導します。パレードの途中でロープを張って対応することもあります。

スピール／振りつけの説明

はじまる前に、大勢のゲストの前でスピールして、ショーやパレードの案内をします。ゲストに確実に聞こえるよう、大きな声を出すのがポイント。また、ゲスト参加のダンスシーンなどがある場合は、手拍子のタイミングやダンスの振りつけを実演して、ゲストにわかりやすく説明するのも大事な仕事です。

GUEST CONTROL CAST 69

The cast of a special position

任命されたキャストの 特別な仕事

東京ディズニーリゾートには、大勢のなかから選ばれた"特別な仕事"をするキャストがいます。ここでは、3人の方をピックアップ。どんな仕事なのか、インタビューをお楽しみください。

2019-2020年 東京ディズニーリゾート・アンバサダー

野口 歩美(のぐち あゆみ)さん

好きなキャラクター
ミッキーマウス、ミニーマウス

※アンバサダー就任前はショー運営部に所属し、パレードやショーなどのダンサーとして活躍。任期は2019年1月1日〜2020年12月31日。

2019-2020 TOKYO DISNEY RESORT AMBASSADOR

"アンバサダー"を目指したきっかけは、なんですか?

もともと私はダンサーとして8年間、パークのショーやパレードで踊る仕事をしていました。ゲストの楽しそうな表情を見るのが、なによりも好きでした。キャストになって1年くらいたったころでしょうか。パークの中で開催された、あるプログラムに参加しました。ご病気のお子さまたちにショーをお届けする内容だったのですが、残念なことに、さまざまな理由で、そこにも参加することがかなわなかった方たちが、たくさんいることを知りました。そのとき、その方たちにも同じような感動を伝えたい! と思ったんです。時間がたつにつれて、その想いがどんどん強くなり、あるとき、東京ディズニーリゾート・アンバサダーの存在を知りました。2万人を超えるキャストのなかから選ばれる親善大使なら、私がやりたかったことができるはず。思い切って応募しましたが、家族や仲間のダンサーたちに伝えると、「歩美が踊らない選択をするなんて!」と、かなりビックリされました (笑)。私にはずっと踊りつづけてほしいと思ってくれていたようです。でも、驚いたあと、「向いているんじゃない」とも言ってくれました。人前でパフォーマンスすることが得意な私なら、アンバサダーもきっとできると。すごく勇気をもらいました。

> パークの中だけでなく、外にもうれしい瞬間をお届けしたい!

選考を受けているときは不安もありましたが、「アンバサダーになるんだ!」と信じる気持ちのほうが勝っていました。いざ、「アンバサダー候補者発表セレモニー」で名前が呼ばれたときは、夢じゃないかと(笑)。少し冷静になると、今度はうれしくて涙が止まりませんでした。これで私がやりたかったことができる!どんなことができるか、どんな人たちに会えるか、ワクワク感で胸がいっぱいになりました。応援してくれたダンサーの仲間たちが、私がアンバサダー候補者に決まったことを聞いて、"飛び上がって、泣いて喜んでいた"と聞き、うれしくて泣いてしまいました(笑)。

これまで、どんな経験や活動をしてきたのでしょうか?

就任するまでの約4ヵ月間、たくさんの経験をさせていただきました。ふだん、キャストがどんな仕事をしているか、いろいろなロケーションをまわり、実際に体験したり、話し方や立ち居振る舞い、礼儀作法を学んだり。海外のディズニーパークの10人のアンバサダーと一緒に、約3週間の海外研修にも参加しました。みんな、それぞれの信念をもって就任された方ばかりなので、一緒にパークを歩いても、注目するところがさまざまで興味深かったです。

また、今後、東京ディズニーリゾートにできる新しいアトラクションや新エリアについて、ディズニー社の方から話を聞いたり、その一部を見せていただいたり。とても貴重な時間でした。
その後、就任セレモニーを経て、いろいろな活動をしてきましたが、やはりいちばん印象的なのは、アンバサダーを目指した原点でもある福祉活動です。施設にごあいさつにうかがうと、みなさん全身で喜びを表現してくれるんです。そして、懸命に、ご自分の言葉で「ありがとう」と伝えてくださる。そこで得た感動を自分の力に変えて、また別の方に届けに行こう! と意欲がわいてきます。

野口さんにとって、理想のアンバサダーとは?

たくさんのゲストにお会いする機会がありますが、一人ずつゆっくりお話するのは難しいのが現状です。でも、たとえ短い時間であっても、私が心をこめて接することができれば、記憶に残る時間が過ごせると思うんです。ですから、"親しみやすくて、温かみのある、心のこもったアンバサダー"。これが私の理想です。
今後も、パークに来ることがかなわない多くの方々に、うれしい瞬間、楽しい時間を届けに行きたいです。そして、何か、小さなお子さまたちに

喜んでもらえる企画に挑戦できたらうれしいですね。私は子どもたちが楽しむ姿を見るのが大好きです。私自身、"ダンサーになりたい、アンバサダーになりたい"という夢をかなえて、今、こうして活動することができています。ですから、小さなお子さまたちの夢をかなえるお手伝いをする、背中を押せるような新しいことに挑戦したいと思っています。
以前、歴代のアンバサダーのみなさんとお会いしたとき、「あなたらしいアンバサダーになってね」と言われましたが、まだまだ模索中です。ダンサーからアンバサダーになり、これまでとまったく違うことをしていますが、今まで経験したことはなにひとつムダになっていないと感じています。これまでやってきたことを大切にして、やりたいことをあきらめずに、私なりのアンバサダーを目指して活動を続けていきたいです。

東京ディズニーリゾート・アンバサダーとは?

"アンバサダー"は、1965年にカリフォルニアのディズニーランドで誕生したディズニーテーマパークの親善大使。多忙を極めたウォルト・ディズニーにかわって、公式行事への出席や各地での講演などの活動を行いました。東京ディズニーリゾート・アンバサダーの任期は1月1日から翌年の12月31日までの2年間(2014年までは1年間)。

広報活動
テレビやラジオなどに出演して東京ディズニーリゾートの魅力を紹介。生放送の収録にも参加します。

親善活動
表敬訪問や、お祭りといった地域活動への参加など。

キャストコミュニケーション
スペシャルセレモニーやキャストイベントなどで、司会進行を務めます。ときには、スピーチをすることも。

福祉活動
ミッキーなど、ディズニーの仲間たちと福祉施設や病院を訪問し、ディズニーの楽しい夢を届けます。

UNIVERSITY LEADER

第34期 ユニバーシティ・リーダー

善生 菜子さん
（ぜんしょう なこ）

アトラクションキャスト
キャスト歴 ✳ 5年
ロケーション ✳
プーさんのハニーハント
〈東京ディズニーランド〉
好きなキャラクター ✳ マリー

The cast of a special position

背中に手をそえて、一緒に一歩踏み出すような存在でありたい

ユニバーシティ・リーダーを目指した理由はなんでしょうか？

入社するときに、私も研修を受けましたが、そのときのインストラクターがとてもステキな人だったんです。まさに、ザ・ディズニーキャスト！ 私もああなりたいと、あこがれました。その後、キャストになって3年目くらいのときに、細かいミスが長く続いてしまったことがあります。そこから抜け出したい、新しいことに挑戦しよう！ そう思ってユニバーシティ・リーダーに応募しました。それに、そのときはちょうど、東京ディズニーリゾートの35周年。35年分のゲストの期待に応えるべく、もっと"ハピネス"を創造できるキャストを育てたい。そんな想いもありましたね。

どんなところに、"やりがい"を感じますか？

私のプログラムを受講してくれたキャストに、後日、パーク内外で会うことがありますが、「キャストの仕事が楽しくてしょうがないです」「研修の内容を思い出してがんばっています」などと声をかけていただくと、やりがいを感じますね。私の伝えたことが、ちゃんと届いて生かされていると感じられるので。また、あるとき、研修が終わって配属先へ引き継ぎのために研修部屋を退出するとき、「行ってらっしゃい！」と受講生全員が送り出してくれたことがありました。さっきまでゲストのような顔つきだったのに、もうキャストになっている！ そのときは、とても感動しました。

善生さんにとって、理想のユニバーシティ・リーダーとは

親しみやすく、何かのきっかけを作れるユニバーシティ・リーダーになりたいです。以前、悩んでいる後輩キャストから相談を受けたとき、私も同じような悩みを抱えていて、それを乗り越えたくてユニバーシティ・リーダーに挑戦したことを伝えました。すると、なんと後日、実際にユニバーシティ・リーダーになって、「すごく、やりがいを感じています」と言ってくれたんです。自分のかけた言葉が、誰かの背中を後押しするのに役立ったのだと、とてもうれしく思いました。私はもともと、人前に立って何かをするのは苦手なタイプ。ユニバーシティ・リーダーになってからは主体性を身につけましたが、ぐいぐい引っ張るのではなく、横に並んで立ち、夢に向かって一緒に歩いていくような存在のキャストでいたいですね。

ユニバーシティ・リーダーとは？

全キャストを対象に、知識やスキルを高めるための研修（バックステージで行う講習会）を開催。そのインストラクターがユニバーシティ・リーダーです。先輩キャスト、仲間として、ウォルト・ディズニーの想いやフィロソフィーを伝えます。第34期は20名、任期は1年（2018年7月1日〜2019年6月30日）。

UNIVERSITY LEADER

第34期 ユニバーシティ・リーダー

石渡 鷹正さん
（いしわたり たかまさ）

フードサービスキャスト
キャスト歴 4年3ヵ月
ロケーション
プラズマ・レイズ・ダイナー
〈東京ディズニーランド〉
好きなキャラクター
メーター（『カーズ』シリーズ）

誰もが完璧ではありません。失敗しながら、成長あるのみ！

ユニバーシティ・リーダーの勤務初日は、どうでしたか？

"成長したい"という想いを胸に、ユニバーシティ・リーダーになりましたが、とにかく初日は足がガクガク震えるほど緊張しました。「You Make Magic!」のプログラムを終えて受講生を送り出すと、自然と涙が出てきて……。極度の緊張から解き放たれたホッとした気持ちと、うまくできなかった悔しさが入り交じっていたと思います。

その後も、とにかく毎日が失敗です（笑）。受講生同士でグループワークをするときに、私の説明がヘタで、何をすればいいかわからなくなることがありました。そのたびにキャストデベロップメント部の担当の方などに相談し、改善して、今は、やることや目的を明確かつシンプルに説明することで、理解を深めながらプログラムを進行できるようになりました。

なって良かった！と感じるのは、どんなときですか？

人とのつながりを感じるときです。以前は、私が知っているキャストの世界は自分のロケーションの「プラズマ・レイズ・ダイナー」だけでした。もちろん最高の仲間たちですが、ユニバーシティ・リーダーになってから、さらに多くの人と出会うことができました。舞浜に来れば、必ず誰かに会える。そのたびに、「なって良かった！」と実感します。ユニバーシティ・リーダーの仲間からは、日々いろいろなことを吸収して学んでいます。そして受講生たちに伝えることで、言葉の引き出しが増え、以前よりゲストとの会話も弾むようになりました。仲間が増えて世界が広がることで、人間的にも少し成長できたのではないかと思います。

ユニバーシティ・リーダーを目指す方へのアドバイスは？

ユニバーシティ・リーダーは完璧な存在ではないことを知ってほしいですね。完璧ではないぶん、親近感があり、表情豊かに楽しんで仕事をする、より身近な存在でいたいと思います。そして、お互いを支えあいながら、成長しつづけたいです。もし、ユニバーシティ・リーダーを目指すなら、成長したいという気持ちが大切です。たとえ、なれなかったとしても、何度でもチャレンジしてほしいです。なれたときこそ、いちばんいいタイミングで、自分の個性や良さを発揮できるはずです。

主なプログラムについて

ディズニー・ユニバーシティ・プログラムには、入社時に研修する「Disney Traditions」、ディズニーフィロソフィーを再認識する「You Make Magic!」など、さまざまな種類があります。今回ご協力いただいた善生さんはDisney Traditions、石渡さんはYou Make Magic!を担当しています。

キャストのお仕事 File 18

おいしい料理でゲストにハピネスを届ける！
カリナリーキャスト

主な仕事 ▶ 調理業務・洗い場作業
〈東京ディズニーランド、東京ディズニーシー、パーク外施設〉

見事なチームワークで ゲストが喜ぶメニューが完成

　飲食施設で調理や盛りつけ、洗い物をするのがカリナリーキャストの仕事です。働いているキャストの年代の幅も広く、チームワークのよさが魅力。全員が力をあわせ、ゲストが喜ぶおいしい料理を完成させます。調理といっても、本格的なものばかりではなく、店舗によっては、ごく簡単なものもあります。トレーニング（研修）も充実しているので、調理の経験がなくても安心。食材の在庫管理や発注、搬入をする仕事もあります。

帽子に注目！ ハートマークの中に「Q of H」という文字とトランプのマークが刺しゅうされています。

キャストからのメッセージ

パークには、おいしくて夢のあるメニューがいっぱい。そんな料理でゲストをもてなすのが、私たちの仕事です。自分の作った料理でゲストが笑顔になってくれたら、最高に幸せです。

こんなロケーションで働いています

東京ディズニーランドの「クイーン・オブ・ハートのバンケットホール」

ディズニー映画『ふしぎの国のアリス』に登場するハートの女王のお城をテーマにした、かわいらしいレストラン。バラエティ豊かなメニューで、ゲストをもてなします。

こんな仕事をしています♪

❋ ディスプレイキッチンで調理をする

➡ おいしそうに焼けた肉をゲストが食べやすいようにカット。冷めないよう、手際のよさが求められます。また、いつもゲストに見られているので、姿勢を正すのも忘れずに

POINT
きれいに盛りつけた料理のお皿をフードサービスキャストに渡すなど、キャスト同士の連携プレーも大切です！

ディスプレイキッチンとは、レストラン内にある、ゲストから見えるキッチンのこと。ここで、グリルでステーキを焼いてカットしたり、シーザーサラダにドレッシングをかけて仕上げたりします。手際よく調理をするようすは、まさにテーマパークのショーの一部。おいしそうなのはもちろん、ゲストに楽しんで見てもらえるよう、演じながら調理をするのも、このポジションならではです。

❋ キッチンでの仕事

サラダやデザートをおいしそうに盛りつけたり、大きな鍋でスープを煮たり、揚げ物や炒め物、煮物を仕上げたりなど、調理業務を行います。調理する料理は、店舗によってさまざま。一度にたくさんの料理を準備しなくてはならないので、チームワークを大切にして、一人ひとりが自分の仕事を、責任をもってこなします。調理だけでなく、洗い場での食器の洗浄を担当することもあります。

「リストランテ・ディ・カナレット」では ピッツァを焼くのも カリナリーキャストの仕事です

⬇ 注文を受けたら、まずは生地を広げて、まるく成形します。一枚一枚ていねいな手作業です

薪を使う石窯で焼きあげるピッツァがじまんのお店では、オーダーが入ったら、まずは生地をのばすところからスタート。トッピングをのせたら、いよいよ焼きの作業。薪を動かしたり、ピッツァを回転させたり、3本のパーラ（ピッツァを焼くための道具）を使い分けて焼きあげるのが腕の見せどころです。約30秒〜2分半で焼きあげたら、お皿にのせてカウンターの上へ。石窯は客席から見える場所にあるので、華麗な動きに見入るゲストもいるとか。

⬅ トッピングをのせます。流れるようなスピーディーな作業はさすが！

⬆ 300度の高温で一気に焼きあげ、アツアツをお皿にのせて完成

⬆ 東京ディズニーシーのメディテレーニアンハーバーにあるイタリアンレストラン　➡ 白を基調に、黄色のアクセントを加えたコスチューム

File 19 キャストのお仕事
運転手といっしょにゲストを楽しい鉄道の旅へとご案内!
メンテナンスキャスト
主な仕事 ▶ 「ウエスタンリバー鉄道」の運転補助〈東京ディズニーランド〉

「ウエスタンリバー鉄道」の運転手を元気にサポート!

東京ディズニーランドにあるアトラクション「ウエスタンリバー鉄道」は、蒸気の力で走る本物の蒸気機関車。このアトラクションでは、メンテナンスキャストが同乗して、ゲストの安全を確保したり、鐘を鳴らしたり、パークで遊ぶゲストに手をふったりと、楽しい鉄道の旅になるお手伝いをしています。

キャストからのメッセージ
「ボイラー技士免許」を取って経験を積めば、蒸気機関車の運転手になるチャンスもあります!

File 20 キャストのお仕事
ゲストがパークで楽しめるよう事務作業でお手伝い
クラークキャスト
主な仕事 ▶ サポート業務、電話応対、データ入力などの事務業務全般

電話応対や事務処理でパークの運営をサポート

電話応対、パソコンでのデータ入力、書類整理、資料作成といった事務の仕事でパークの運営をサポートします。配属部署は、人事、営業、経理などさまざま。部署によって業務内容は若干(じゃっかん)異なりますが、自分のもつ事務スキルを生かして働くことができる、やりがいのある仕事です。

キャストからのメッセージ
ゲストの目に直接ふれることはないですが、パークで楽しい一日を過ごしてもらうための大切な仕事です!

File 21 キャストのお仕事
荷物の配送などをになう、縁の下の力持ち
ディストリビューションキャスト
主な仕事 ▶ 荷物の受け入れや保管、各店舗への配送業務

車両やフォークリフトをあやつって、グッズや食材を店舗へお届け

東京ディズニーリゾートに毎日納品される、たくさんの商品や食材、資材などを、フォークリフトで倉庫へ保管し、車両を使って各ショップやレストランに配送する仕事です。安全、かつ迅速に配送できるかが、キャストの腕の見せどころになります。

キャストからのメッセージ
商品を倉庫に保管したり、店舗に配送する仕事です。ほかの仕事とは、ひと味ちがうおもしろさを体験できます。

この仕事につくには、普通自動車免許または準中型自動車免許(取得2年以上)が必要です

※ディストリビューションキャストは「荷物の受け入れ・保管・出庫をする倉庫内業務」「各店舗への配送業務」の、いずれか一つを担当します。

※File20〜29のキャストの職場は基本的にはパーク外施設ですが、東京ディズニーランド、東京ディズニーシーになることもあります。

76 MAINTENANCE CAST / CLERK CAST / DISTRIBUTION CAST

キャストのお仕事 File 22

パークに欠かせないお金やチケットを管理

テラーキャスト

主な仕事 ▶ つり銭や売上金の管理、チケットの発行など

売上金やパークチケットの管理を通じて パークの運営をサポートする

　パーク内の各店舗で必要なつり銭の補充や売上金のチェック、入金、パークチケットの発行や管理など、東京ディズニーリゾート内の銀行のような役割をはたすキャストです。さまざまなキャストとコミュニケーションをとる機会があり、信頼と確実性が求められる、緊張感と達成感が感じられる仕事です。

※テラーキャストは「つり銭の準備、売上金の確認や入金」「パークチケットの発行、管理」の、いずれか一つを担当します。

キャストのお仕事 File 23

ショーやパレードの安全を守ります!

ファイアーキャスト

主な仕事 ▶ パーク内で使用する火気の監視や、緊急時の対応

ショーやパレードなど、パーク内で使用する 火気を24時間しっかり監視

　使用する火気などの監視や、緊急時の対応を24時間行い、パーク内の安全を守ります。勤務体系は2つに分かれ、日中は火薬などの特殊効果を使用するショーの近くに待機し、つねに監視。夜間は日中使われた火やガスなどの機器を点検します。「私たちがゲストやパークを守る!」という強い気持ちをもって安全を提供する、やりがいのある仕事です。

この仕事につくには、普通自動車免許が必要です。また、深夜勤務もあります

※ファイアーキャストは「日中の勤務」「深夜の勤務」の、いずれか一つを担当します。

キャストのお仕事 File 24

ゲストが待つステージまで、出演者を送迎

ショーサービスキャスト （ドライバー）

主な仕事 ▶ 東京ディズニーリゾート内で行われるショーの出演者の送迎

ショーやパレードの出演者を 安全かつ時間内に送迎する

　パーク内で行われるショーやパレード、アトモスフィア・エンターテイメントの出演者を、マイクロバスを運転して、公演場所近くのバックステージまで送迎します。また、ドリーマーズ・オン・ステージにおいて、出演者の送迎を行うこともあります。

この仕事につくには、大型自動車免許が必要です

キャストのお仕事 File 25

水上エンターテイメントを船舶ドライバーとして支える

ショーサービスキャスト （操船）

主な仕事 ▶ 東京ディズニーシーの水上エンターテイメントでの操船、サポート

水上エンターテイメント用船舶の操船や サポートをしてショーを支える

　東京ディズニーシーのメディテレーニアンハーバーで実施される、壮大な水上エンターテイメントを支える船舶(ジェットスポーツを含む)の操船や、その補助をする仕事です。ショーで使用する機器の取りあつかいや、カイト(連凧)の操作をすることもあります。未経験でも、トレーニングを積むことで、ドライバーを担当できます。

キャストのお仕事　ショー出演者のコスチュームを大切に管理

File 26 ショーイシューキャスト

主な仕事 ▶ ショーやパレードの出演者が身につけているコスチュームの管理・貸し出し

ショーやパレードのコスチュームを管理し、簡単な修繕も行う

　パーク内で毎日行われるショーやパレードなどにおいて、出演者が身につけるコスチュームの管理や、貸し出しを行います。また、一部のショーで出演者への着せつけをしたり、衣装の簡単な修繕なども行ったりします。つねにコスチュームの状態を気にかけ、不具合には適切、かつ迅速に対応することが求められます。

キャストのお仕事　かわいいキャラクターのコスチュームを作る!

File 27 ワークルームキャスト

主な仕事 ▶ キャラクターのコスチュームや帽子、髪飾りなどの製作・修繕

工業用ミシンを使って、キャラクターのコスチュームを製作

　ショーやパレード、キャラクターグリーティングなどで、ディズニーキャラクターたちが身につけているコスチュームや帽子、髪飾りなどの製作、修繕、サイズ直しを行います。はなやかだったりカッコよかったり、魅力的なデザインのコスチュームがいっぱい。自分の作ったコスチュームをたくさんのゲストに見てもらえる、やりがいのある仕事です。

> この仕事につくには、服飾系の学校卒業者で、縫製の実務経験（2年以上）などが必要です

キャストのお仕事　夢いっぱいのショーウィンドウをデザイン

File 28 ファシリティキャスト

主な仕事 ▶ 各店舗のショーウィンドウや店内ディスプレイ、什器製作

世界観にそったショーウィンドウ演出や、店内ディスプレイを担当

　東京ディズニーリゾート内にある店舗のショーウィンドウの装飾、清掃などを行う仕事です。各店舗の世界観や、季節のイベントにあわせた装飾小道具を製作したり、商品を陳列するための什器*を設計、発注したりして、ゲストの思い出に残るような、はなやかなショーウィンドウを演出します。

> この仕事につくには、美術・製図系の実務経験が必要です（もしくは美術・製図系の学校卒業者）。また、パソコン操作が可能で、車両の運転ができる方に限ります

*店舗やディスプレイにおいて、商品やカタログなどを陳列する棚や器財など
※ファシリティキャストは「PCソフトでの製作作業」「店舗のショーウィンドウや店内のディスプレイ作業」「店舗の什器製作作業」の、いずれか一つを担当します。

キャストのお仕事　ウィッグ（かつら）でショーやパレードを盛りあげます

File 29 ウィッグキャスト

主な仕事 ▶ ショーやパレードに出演するダンサーのウィッグ製作・管理

出演者のウィッグを製作し、ショーやパレードを演出

　ショーやパレードに出演するダンサーたちが身につけるウィッグの製作、修繕、管理を行うキャストです。ときには、ショーの舞台裏に待機して、乱れたウィッグを整えることも。ショーやパレードの内容により、異なるテーマの髪型を作るので、専門的なスキルと独創的なアイデアが求められます。はなやかで夢のあるショーを作るのに、なくてはならない存在です。

> この仕事につくには、美容師免許が必要です

そのほかの仕事

写真／東京ディズニーランドホテル

ディズニーホテルでゲストをおもてなし
ディズニーホテルのキャスト

主な仕事 ▶ ディズニーホテルでの接客や客室管理など〈ディズニーホテル〉

ディズニーホテルでの思い出作りをお手伝い

東京ディズニーリゾート内にある3つのディズニーホテルで働くキャストです。ホテルに遊びに来たゲストが快適に過ごせるようにサポートします。車で来たゲストのお出迎えやお見送り、チェックインやチェックアウトを行うレセプション、客室への案内、客室の管理など、仕事の内容はさまざま。ホテル内にあるレストランやプールでの仕事もあります。

↓エントランスでは、「ありがとうございます！」という気持ちをこめて、ゲストを見送ります

↓レセプションでは、ホテルに宿泊するゲストのチェックインやチェックアウトなどを行います

↑ゲストの大切な荷物を預かるときは、荷物の数やゲストの連絡先を確認して引換券を渡します

ディズニーリゾートラインでゲストを各施設へご案内
ディズニーリゾートラインのキャスト

主な仕事 ▶ ディズニーリゾートラインでのゲスト対応や安全確認など〈ディズニーリゾートライン〉

東京ディズニーリゾート内での移動をスムーズに！

東京ディズニーリゾート内を一周して、パークやホテルをつなぐモノレール「ディズニーリゾートライン」で働くキャストです。車両はすべて自動運転ですが、ガイドキャストが必ず乗り込み、安全確認や案内をします。ステーションキャストはゲストが安全に移動できるよう、乗降時のサポートや案内などをします。

↑→車両に乗っているガイドキャストが安全確認をしてから出発します

←迷っているゲストを見かけたら声をかけ、目的地や降りる駅を案内します

※「ディズニーホテルのキャスト」「ディズニーリゾートラインのキャスト」は株式会社オリエンタルランドの関連会社での採用・配属となります。ほかの仕事のキャストと面接方法や条件、雇用形態は異なる場合があります。

✺ INTRODUCING ALL CAST PINS ✺
キャストのピン大公開!

胸元にピンをつけているキャストがいるのを知っていますか?
このピンには、さまざまな種類や意味があります!

「トレーナーピン」はネームタグの上につけます。

「スピリット・アワードピン」や「サービス・アワードピン」はネームタグにつけます。

✺ キャストのピンに注目!

　胸元のネームタグやその付近にパークのモチーフやディズニーキャラクターなどが描かれた「ピン」をつけているキャストがいます。このピンには意味があり、ピンをつけるにふさわしいと認められたキャストがもっています。ピンの種類は大きく分けて3つ。ここでは各ピンの意味を紹介します。パークに遊びに行ったら、ぜひチェックしてみてください!

実際にパークでもたくさんのピンを発見しました!

5年ピンはプルートの絵柄です

パートナーズ像が描かれています

ネームタグの上にジミニー・クリケット発見!

✳ SPIRIT AWARD PIN ✳
スピリット・アワードピン

「スピリット・オブ・東京ディズニーリゾート」
（P51参照）で選出された
受賞者に授与されるピンです。

↑受賞回数で授与されるピンの色が異なります。1回目が銀（上）、2回目が金のふち（中央）、3回以上が金（下）のピンです

✳ TRAINER PIN ✳
トレーナーピン

後輩のキャストを指導できる
ディズニートレーナーと認められた
キャストがつけられるピンです。

↑ピノキオを教え導くディズニーキャラクター「ジミニー・クリケット」がデザインされています

✳ SERVICE AWARD PIN ✳
サービス・アワードピン

一定の勤続年数に応じて授与されるピンです。
現在、全部で8種類あります。

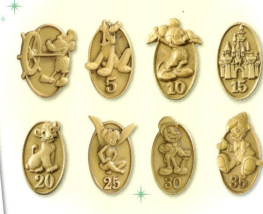

↑左上から、勤続1年、5年、10年、15年、20年、25年、30年、35年に達したときに授与されるピンです

※P81のピンはすべて原寸大です。
※デザインが変更になる可能性があります。

✴ HOW TO BECOME A CAST MEMBER ✴
キャストデビューまでの道のり

「あこがれのキャストとして働きたい！」「いつかはキャストになってみたい！」そんな夢をもっている人のために、ここでは、面接の予約からキャストとしてデビューするまでの道のりを追ってみました！

Start

STEP 1 面接の予約

東京ディズニーリゾートキャスティングセンター※1のウェブサイトで、キャストの職種や面接の日時などを確認。「面接を受けたい！」と思ったら、ウェブサイトから面接の予約をします。

キャストの募集情報や面接についてはココをチェック！

東京ディズニーリゾートキャスティングセンター
URL https://www.castingline.net/

STEP 2 面接

面接は随時行われています。申込票の記入、写真撮影、身体サイズの測定をしたあと、面接を行います。面接時間は20〜30分程度。1対1のなごやかな雰囲気で、応募者の質問に、ていねいに答えてくれます。

⬆履歴書は不要で、服装も自由です。面接官があたたかく迎えてくれるので、リラックスしてのぞみましょう

STEP 3 遠方からのキャストデビューも安心♪

先輩キャストのインタビューも！

いま住んでいるところがパークから遠くて悩んでいる人は必見！　住宅支援制度など、遠方在住者のための特典や制度※2があります。オフィシャルウェブサイトをチェックしましょう。

仕事の紹介

面接で伝えた希望や条件が、募集している仕事と合致すると、東京ディズニーリゾートキャスティングセンターから仕事の紹介が来ます。仕事を受けることになったら内定となり、入社の日を決めます。

STEP 4 入社

キャストとして働くための入社手続きをします。手続きが終わったら、トレーニングを開始！

導入研修

オリエンテーション「Disney Traditions」※3を受けます。ここでは、ディズニーフィロソフィーやショービジネスのこと、キャストとして大事なことや心がけを学びます。

↑先輩キャストであるユニバーシティ・リーダーがやさしく「魔法のコツ」を教えます
←オリエンテーションでは、オンステージに出かけてパークのようすや先輩キャストの仕事風景を見学するツアーも行います

ついにキャストの仲間入り！でもデビューはまだまだ

STEP 5

トレーニング

職種ごとにトレーニングを受けます。たとえば、フードサービスキャストの場合、テーブルマナーや食べ物をあつかう上で注意すること、フードサービスキャストとして必要なことなどを学びます。

STEP 6

実地研修

トレーナーと呼ばれる先輩キャストから実地研修「OJT」※4を受けます。職種などによりOJTの期間はさまざまですが、だいたい3〜5日程度。基本知識、技術、具体的な仕事を学びます。

STEP 7

先輩キャストがていねいに教えてくれます

↑↗OJTでは、先輩キャストがつきっきりで仕事の内容などを詳しく教えてくれます。パーク内でのトレーニングや実践もあります

STEP 8

いよいよデビュー！

OJTが終わったら、晴れてキャストデビューです。東京ディズニーリゾートのキャストとして、ゲストにたくさんの"ハピネス"を届けていきます！

Cast Debut

※1 面接の日時の設定や、面接に参加した方への連絡など、キャスト募集に関する仕事を行う施設です。
※2 特典や制度は予告なく変更になる場合があります。
※3 キャストとして働くために、全員が必ず受ける研修プログラムです。
※4「On the Job Training」の略。上司や先輩キャストが具体的な仕事の内容を説明して、新人キャストに知識や技術を覚えてもらうための実地トレーニング方法です。

THE HISTORY OF TOKYO DISNEY RESORT
東京ディズニーリゾートの歴史

東京ディズニーランドがオープンしたのは1983年。そして、2001年には東京ディズニーシーがオープン。その間にも、ホテルやショッピングセンターなどが続々と誕生しました。夢と感動を創造し続け、一大リゾート施設としてたくさんのゲストを魅了している東京ディズニーリゾート。その歴史を紹介しましょう。

ウォルト・ディズニーが夢見た成長し続けるディズニーテーマパーク

1983年4月15日、世界で3番目のディズニーテーマパークとして東京ディズニーランドが誕生。ウォルトの理念に基づく、永遠に完成しないディズニーテーマパークの日本での歴史がはじまりました。その後、パークの世界観のまま宿泊できるディズニーホテルや、食事やショッピングが楽しめる街、イクスピアリ、各施設を結ぶディズニーリゾートラインを建設。2001年9月4日には、海をテーマにした世界で唯一のディズニーテーマパーク、東京ディズニーシーがオープンしました。1つのテーマパークから、滞在しながら2つのパークなどを楽しめる日本独自の「東京ディズニーリゾート」として発展をとげたのです。今後も「東京ディズニーランド大規模開発」「東京ディズニーシー新テーマポート開業」などの新たな試みに、ますます期待が高まる東京ディズニーリゾート。これからも進化し続け、ゲストに〝ハピネス〟を届けます。

1979年4月 米国ディズニー社と「東京ディズニーランド」の建設および運営などに関する業務提携の契約締結

1992年10月 東京ディズニーランド6つ目のテーマランド「クリッターカントリー」オープン

2000年7月 「イクスピアリ」「ディズニーアンバサダーホテル」オープン

2008年7月 「東京ディズニーランドホテル」オープン

〉1980 〉1990 〉2000   東京ディズニー

1983年4月15日 「東京ディズニーランド」グランドオープン

1996年4月 東京ディズニーランド7つ目のテーマランド「トゥーンタウン」公開

2001年3月 「ボン・ヴォヤージュ」オープン

2001年7月 「ディズニーリゾートライン」開業

2001年9月4日 「東京ディズニーシー」グランドオープン 「東京ディズニーシー・ホテルミラコスタ」オープン

1979

➡カリフォルニア州の米国ディズニー社において、東京ディズニーランドの建設および運営などに関する契約が締結されました

2000

➡日本初のディズニーホテル「ディズニーアンバサダーホテル」は、アールデコ調の内外装が特徴 ⬇東京ディズニーシーが開園。東京ディズニーランドのときと同じく小雨でしたが、オープンを祝福するかのように晴れ間が！

1983

⬆1983年4月15日、東京ディズニーランドがついに開園！ ➡「トゥーンタウン」のオープニングセレモニーにかけつけたミッキー

2001

↑東京ディズニーリゾートをぐるりと一周して、パークやホテルを結ぶ「ディズニーリゾートライン」。ミッキーシェイプの窓やつり革など、移動中もディズニーの世界を演出します

↑ホテルの充実により、滞在型リゾートに進化した東京ディズニーリゾート。2021年度には、ディズニー／ピクサー映画『トイ・ストーリー』シリーズがテーマの新ディズニーホテルを開業予定です

パークを歩いて歴史をチェック!

パークにあるブロンズ像のなかには、さまざまな記念を祝して設置されたものもあります。パークに行ったときは、散策がてら探してみてはいかが?

↑東京ディズニーランド開園15周年と20周年を記念して、米国ディズニー社から寄贈されたブロンズ像。左のパートナーズ像は東京ディズニーランドのプラザテラス、右はファンタジーランドのシンデレラ城裏で見ることができます

↓東京ディズニーリゾート25周年、30周年を記念し、米国ディズニー社から寄贈されたブロンズ像。左はウォルト・ディズニーの兄、ロイ・ディズニーとミニーの像。右は"若かりしウォルトとミッキー"をモチーフにしたストーリーテラーズ像。それぞれ東京ディズニーランドのワールドバザール、東京ディズニーシーのディズニーシー・プラザにあります

リゾートの歴史

- **2016年6月** 「東京ディズニーセレブレーションホテル」オープン
- **2016年9月** 東京ディズニーシー15周年
- **2017年7月** 東京ディズニーランド・東京ディズニーシー7億人目のゲスト来園
- **2018年4月** 東京ディズニーリゾート35周年
- **2019年7月** 東京ディズニーシー新アトラクション「ソアリン:ファンタスティック・フライト」オープン
- **2020年4月15日** 東京ディズニーランド大規模開発エリアオープン
- **2021年度(予定)** 新ディズニーホテルオープン
- **2022年度(予定)** 東京ディズニーシー8つ目のテーマポート「ファンタジースプリングス」オープン

←新規大型アトラクション「美女と野獣"魔法のものがたり"」では、映画の名シーンが目の前にひろがる!
↓3つのエリアと1つのディズニーホテルで構成される、東京ディズニーシー8つ目のテーマポート

↑パーク全体が祝祭感につつまれた、東京ディズニーリゾート35周年"Happiest Celebration!"
←「ソアリン:ファンタスティック・フライト」がメディテレーニアンハーバーにオープン

✷ THE HEARTWARMING EPISODES

キャストの

Episode.1
天使のような言葉に思わず涙が……

　パークの落ち葉をそうじしていたときのこと。「この子が、お話ししたいそうです」と、女性から声をかけられ、見ると、5歳くらいの女の子が。しゃがんで「何かな？」と聞くと、「いつも、パークをきれいにしてくれてありがとう」。目をそらさず、ハッキリした口調で言ってくれました。めったに泣かないのですが、あのときはうれしくて、ウルッとしちゃいましたね。(カストーディアルキャスト)

Episode.2
ぬいぐるみも大切なゲストです

　ゲストに料理を運んでいたとき、あるテーブルにぬいぐるみがポツンと置かれていることに気づいたんです。手が空いたときに、ぬいぐるみの前に紙のマットとシルバー類を置いて、「一緒に食事してくださいね」と声をかけたら、ゲストが大喜び。キャストにとっては当たり前のサービスでも、ゲストにはそうではない。いつだって、小さな魔法をかけることができるんです。(フードサービスキャスト)

Episode.3
次に会うときはキャストの仲間！

　ケガをして車椅子で来園した女子高生とそのお母さんの対応をしました。混んでいたので少々お待たせしてしまい、おわびにメッセージを添えた折り紙を渡すと、その場で号泣。そのあと2度、会いに来てくださって、また号泣。後日、お母さんからお手紙をいただき、娘さんが「キャストになりたい」と。今度は、キャストの仲間として会えるのが楽しみです。(アトラクションキャスト)

Episode.4
キャストみんなへの賛辞を
ひとりじめしちゃってスミマセン(笑)

　車でお帰りになるゲストにとって、最後に会うのがパーキングロットキャストです。「すごく楽しかったよ」「本当にありがとう。また来るね！」やさしい言葉をかけられると、疲れが吹き飛びます。その日に出会ったキャストへの賛辞をひとりじめしていることに、少しだけ罪悪感はありますけれど(笑)。(パーキングロットキャスト)

Episode.5
夢と魔法の王国に必要なものとは

「ゲストがいなければ、ここは夢と魔法の王国ではありません。なぜなら、夢や魔法を信じるのはみなさんですから」ツアーの最後にそう言うと、あるゲストが、「ゲストだけではダメですよ。だって、私たちに魔法をかけてくれるのはキャストさんですから」。その瞬間、大感激！ ここは、多くのゲストとキャストの情熱でつくられるステキな場所だと実感しました。(ガイドツアーキャスト)

OF CASTS WITH GUESTS
ホンネ

いつも笑顔で働いている東京ディズニーリゾートのキャストたち。そのヒミツは、ゲストとのハートフルな触れ合いにありました。キャストに聞いた、ステキなエピソードをご紹介します!!

Episode.6
なにげないひと言が魔法に変わる!!

レジで会計していたとき、ちょっと元気がなさそうなゲストだったのですが、袋がかわいいとほめてくださったんです。話しかけるチャンスだ！ と思って、袋の絵に隠れミッキーがいることを伝えると、すぐ見つけて笑顔に。「疲れて嫌な気分でしたが、お姉さんのひと言で元気になりました。ありがとう！」そう言っていただき、声をかけてよかった〜と実感しました。(マーチャンダイズキャスト)

Episode.7
やっぱり笑顔は全世界共通！

海外からのゲストが記念撮影をしていました。カメラマンはお父さん。全員の写真も撮りたいだろうと思い、声をかけて写真を撮ると、「ワンモア」の声。何か失敗したかと思ったら、「あなたの笑顔がキュートだから、あなたと撮りたい」。そして、お父さんとツーショット撮影(笑)。笑顔は、どんなときでも最強のコミュニケーションツールです！
(ディズニーリゾートラインのキャスト)

Episode.8
大切な瞬間を応援できて光栄です！

ショーが終わった瞬間にプロポーズをしたいという男性の希望で、ルームサービスのケーキを運ぶことになったんです。指定時刻にケーキを届け、「サプライズでございます」と言うと、男性が指輪を出して「結婚してください」。すると、お相手の女性は驚きながらも、涙ながらにイエスの返事。「おめでとうございます」と祝福しながら、思わず私も涙ぐみました。(ディズニーホテルのキャスト)

キャストロケーションマップ

私たちココで働いています！

本書に登場するキャストが働いているロケーションや施設の場所をマップで紹介！

※ 🔴は東京ディズニーランド、🔵は東京ディズニーシー、🟤は東京ディズニーリゾート内(パーク以外)の施設です。

✦ アトラクションキャスト …P10
- ヴェネツィアン・ゴンドラ…P12 ①
- スター・ツアーズ：ザ・アドベンチャーズ・コンティニュー…P16、22 ②
- ビーバーブラザーズのカヌー探険…P17 ③
- シンデレラのフェアリーテイル・ホール…P18 ④
- ビッグシティ・ヴィークル…P19 ⑤
- レイジングスピリッツ…P20 ⑥
- タートル・トーク…P21 ⑦

✦ ワールドバザールキャスト …P34
- チケットブース…P35 ⑧ ⑧
- ベビーカー&車イス・レンタル…P35 ⑨ ⑨
- 迷子センター…P35 ⑩ ⑩
- ベビーセンター…P35 ⑪ ⑪

✦ パーキングロットキャスト …P27、38
- 東京ディズニーランド・パーキング ⑫
- 東京ディズニーシー・パーキング ⑬

✦ ゲストリレーションキャスト …P40
- ゲストリレーション ⑭
- 東京ディズニーシー・インフォメーション ⑮

✦ ナースキャスト …P43
- 救護室(中央救護室)…⑯ ⑯

✦ ファーマシーキャスト …P43
- 救護室(中央救護室)…⑯ ⑯

✦ ソムリエキャスト …P44
- マゼランズ ⑰

✦ ヘアアンドメイクアップキャスト …P45
- ビビディ・バビディ・ブティック ⑱ ⑱

✦ マーチャンダイズキャスト …P54
- マクダックス・デパートメントストア…P23、55 ⑲
- エンポーリオ…P54 ⑳

東京ディズニーシー

グランドエンポーリアム…P56 ㉑
フロンティア・ウッドクラフト…P58 ㉒
ボン・ヴォヤージュ…P58 ㉓

❋マーチャンダイズホテルキャスト…P59
ディズニー・マーカンタイル㉔

❋フードサービスキャスト…P60
ブルーバイュー・レストラン…P24 ㉕
カフェ・ポルトフィーノ…P62 ㉖
イーストサイド・カフェ…P64 ㉗
クリスタルパレス・レストラン…P65 ㉘
ケープコッド・クックオフ…P66 ㉙

❋カリナリーキャスト…P74
リストランテ・ディ・カナレット…P26、75 ㉚
クイーン・オブ・ハートのバンケットホール…P74 ㉛

❋メンテナンスキャスト…P76
ウエスタンリバー鉄道 ㉜

❋ディズニーリゾートラインのキャスト…P48、79
リゾートゲートウェイ・ステーション ㉝
東京ディズニーランド・ステーション ㉞
ベイサイド・ステーション ㉟
東京ディズニーシー・ステーション ㊱

❋ディズニーホテルのキャスト…P79
東京ディズニーシー・ホテルミラコスタ…P49 ㊲
東京ディズニーランドホテル…P79 ㊳

❋パークのさまざまな場所で働くキャスト
カストーディアルキャスト…P25、28、30
セキュリティオフィサー…P36
ガイドツアーキャスト…P41、47
ショーキャスト…P42、46
ゲストコントロールキャスト…P68

ピンナップの
「どこのキャスト？クイズ」の答え

❋東京ディズニーランド
A1 ジャングルクルーズ：ワイルドライフ・エクスペディション
A2 ビッグサンダー・マウンテン
A3 フート&ハラー・ハイドアウト／スプラッシュダウン・フォト
A4 れすとらん北齋
A5 ブルーバイュー・レストラン
A6 ショーキャスト

❋東京ディズニーシー
A7 カストーディアルキャスト
A8 タワー・オブ・テラー
A9 シンドバッド・ストーリーブック・ヴォヤッジ
A10 レストラン櫻
A11 ソアリン：ファンタスティック・フライト
A12 リストランテ・ディ・カナレット（カリナリーキャスト）

❋その他のエリア
A13 パーキングロットキャスト
A14 東京ディズニーシー・ホテルミラコスタ

東京ディズニーランド

おはようございます！

Western River Railroad

食べてくださいね♥ たくさん

つながる笑顔！
パークで出会ったキャストたち

東京ディズニーランド編
MEET THE CAST WITH BIG SMILES AT TOKYO DISNEYLAND

東京ディズニーリゾートで出会うキャストは、いつもキラキラ極上の笑顔！
ここでは、そんなキャストたちの、ステキなハピネス♥スマイルをお届けします。

パークの達人！

どれになさいますか？

今日もたくさんのゲストに会えるね♪

90

ハイタッチだ〜！

パレードを見守ります！

こんにちは〜

チームワーク最高です！

つながる笑顔!
パークで出会ったキャストたち

MEET THE CAST WITH BIG SMILES AT TOKYO DISNEYLAND

パークのおそうじならワタシにお任せ!

おいしいですよ〜!

バイバーイ!

こんばんは♪

行ってらっしゃい！
よい旅を！！

サラーム！

✴ 東京ディズニーシー編 ✴
MEET THE CAST WITH BIG SMILES AT TOKYO DISNEYSEA

つながる笑顔！
パークで出会った
キャストたち

Keep Clean

ごゆっくり
お過ごしください！

つながる笑顔!
パークで出会ったキャストたち

ようこそ！東京ディズニーシーへ！

Ciao!

···MEET THE CAST WITH BIG SMILES AT TOKYO DISNEYSEA

Cute Balloons

モビリス！

こちらへどうぞ！

✦ パーキング編 ✦
PARKING LOT

✦ ディズニーホテル編 ✦
DISNEY HOTELS

✦ ディズニーリゾートライン編 ✦
DISNEY RESORT LINE

\\ Big Smile //

✦ ボン・ヴォヤージュ編 ✦
BON VOYAGE

95

本書は、2015年2月発行の
『東京ディズニーリゾート　キャストの仕事』に、
最新情報を加えて、再編集したものです。
掲載されている東京ディズニーリゾートのキャストのデータは、
2019年4月の取材時のものです。
写真に写っている商品やメニューは、変更、品切れ、販売終了の場合があります。

Disney in Pocket

改訂版
東京ディズニーリゾート キャストの仕事

2015年 2月16日　第1版第1刷発行
2019年11月26日　第2版第1刷発行
講談社／編

EDIT+DESIGN	PRIMARY INC.,
CREATIVE DIRECTOR	山田幸廣
EDITORS	松田有美／坂本浩羽
CHIEF DESIGNER	嶋田沙織
DESIGNERS	佐野まなみ／津嶋亜紀 島津摩里／野口なつは／水田菜絵
PHOTOS	椎野 充・松井雄希（本社写真部）
写真協力	月刊「ディズニーファン」編集部
撮影・取材協力	株式会社 オリエンタルランド 株式会社 ミリアルリゾートホテルズ 株式会社 舞浜リゾートライン
SPECIAL THANKS	撮影・取材に協力してくださった キャストのみなさん
発行者	渡瀬昌彦
発行所	株式会社 講談社 〒112-8001 東京都文京区音羽2-12-21 編集　03-5395-3142 販売　03-5395-3625 業務　03-5395-3615
印刷所	大日本印刷株式会社
製本所	大口製本印刷株式会社

©2019 Disney
©2019 Disney/Pixar
©2019 Disney ©&™ Lucasfilm Ltd.
©2019 Disney "Winnie the Pooh"
characters are based on the "Winnie the Pooh" works,
by A.A.Milne and E.H.Shepard

ISBN978-4-06-517681-8
N.D.C.689　95p　26cm
Printed in Japan

定価はカバーに表示してあります。

落丁本・乱丁本は、購入書店名を明記のうえ、
小社業務あてにお送りください。
送料小社負担にてお取り替えいたします。
なお、内容についてのお問い合わせは、
海外キャラクター編集あてにお願いいたします。
本書のコピー、スキャン、デジタル化等の無断複製は
著作権法上での例外を除き禁じられています。
本書を代行業者等の第三者に依頼してスキャンやデジタル化することは、
たとえ個人や家庭内の利用でも著作権法違反です。